«DOLCEVITA»

a tavola con
i cesaroni

oggi cuciniamo noi

ricette facili per tutta la famiglia

Sperling & Kupfer

A TAVOLA CON I CESARONI

ISBN 978-88-200-4665-1
35-I-08

Questo libro è a cura di Francesca Boselli.
Le fotografie sono di Luciana Zigiotti.
Progetto grafico di Amelia Verga.
Il format *LOS SERRANO* è concesso in licenza da GLOBOMEDIA S.A
I CESARONI è una serie prodotta da CARLO BIXIO per PUBLISPEI
I CESARONI è un marchio su licenza RTI S.p.A.

Indice

A tavola con...

i cesaroni

Dopo aver curiosato tra i pensieri nascosti di Marco ed Eva (*Quello che non sai di me. I diari di un'estate*), scoprendo gli ingredienti segreti del loro amore... ci siamo chiesti: chissà se anche il resto della famiglia Cesaroni vuole condividere qualcosa con noi?
E per entrare in sintonia con una famiglia, per diventarne davvero parte, che cosa c'è di meglio della cucina, il luogo dove ci si saluta la mattina prima di andare a scuola o al lavoro, e ci si riunisce la sera per condividere la cena e raccontarsi la giornata? E non dimentichiamo che la cucina è anche il luogo delle confidenze e delle incursioni notturne, il luogo in cui si custodisce, si prepara e si gusta il cibo, elemento alla base della nostra cultura della convivialità, ideale per ritrovarsi e stare insieme, magari seduti attorno a una tavola imbandita.
Non a caso, ogni episodio della serie *I Cesaroni* comincia proprio in cucina, con Giulio e Lucia che si scambiano tenerezze da innamorati freschi freschi, con la corsa a chi arriva prima tra Cesare e Gabriella a portare i cornetti ai nipoti, con i soliti dispetti tra Rudi e Alice, con gli occhi

assonnati di Marco ed Eva, con il tenero viso di Mimmo e Matilde (ultima arrivata in casa Cesaroni), che mettono allegria già di prima mattina pasticciando con quello che trovano. E spesso, anche se nessuno dà loro credito, come capita a tutti i bambini, sono proprio i due piccoli di casa quelli che capiscono le cose prima degli altri. E non solo in cucina...

Come ben sapete, la famiglia Cesaroni è molto numerosa, così abbiamo chiesto a ciascun membro lo sforzo di cercare di adattarsi alla media delle famiglie italiane e fornirci ricette per 4-6 commensali. In ogni caso anche qui, come in tutti i libri di ricette, è sempre possibile ricalcolare le dosi degli ingredienti e rifare tutte le proporzioni a seconda che abbiate tanti ospiti o che, al contrario, preferiate un tête-à-tête.

Per aiutarvi a orientarvi meglio in questo variegato insieme di piatti, abbiamo creato due indici, che troverete in fondo al volume: in uno, quello dei personaggi, abbiamo associato le ricette al «cuoco» che le ha proposte; nell'altro abbiamo suddiviso le ricette per categorie (antipasti; primi; secondi; contorni; piatti unici; torte salate; merende; dessert; salse), per aiutarvi a confezionare i vostri menu.

Ogni ricetta, inoltre, presenta il grado di difficoltà (da uno a quattro cuoricini) e, qualora ci siano state suggerite, anche delle varianti.

Ora basta chiacchiere, lasciamo la parola, forse sarebbe meglio dire carta, penna e cucina, ai nostri ospiti sperando, poi, di ritrovare ogni cosa al suo posto. In particolare «pentole e bicchieri»!

Lucia: A quanto pare ora tocca a noi!

Gabriella: Eh già!

Stefania: Allora... AZIONE!

Lucia: C'è stata una prima volta anche per noi.

Stefania: E anche noi ci siamo ritrovate con le mani nei capelli parecchie volte.

Gabriella: Perciò abbiamo deciso di darvi dei consigli per farvi partire con qualche marcia in più. Prima regola in cucina: «L'apparenza inganna».

Ezio: Come col monaco!

Cesare: Che vorresti dì?

Ezio: Che è lui quello che t'inganna co' l'abito!

Stefania: E questa come la sai? L'hai letta per sbaglio sull'inserto dell'*Osservatore Romano* pensando che era quello del *Romanista*?!

Gabriella: Insomma, fate i seri! Non sempre quello che a una prima occhiata sembra complicato lo è davvero.

Giulio: Vabbè, così però sembra che tutti nasciamo con il dono dell'arte culinaria! E gli chef che fine fanno poi?

Lucia: Che c'entra... Il talento e la creatività sono un'altra cosa. Quello che vogliamo dire noi è che la cucina non è poi così inavvicinabile: se si seguono alla lettera delle regole precise i piatti riescono.

Ezio: Come la matematica!

Stefania: Ecco, bravo, allora lascia perdere, che per spiegare la teoria del caos si sono ispirati a te!

Cesare: Ma che state a dì...

Lucia: Quando si decide di intraprendere «l'avventura cucina» è bene avere qualche piccolo accorgimento: oltre a preparare accuratamente tutti gli ingredienti prima di cominciare, è saggio tenere sempre a portata di mano anche un pentolino di acqua o di brodo ben caldi, per intervenire ogni qualvolta il fondo di cottura dovesse asciugarsi.

Stefania: Ci vuole poco per rendersi conto che è sempre meglio che la cottura risulti brodosa piuttosto che troppo asciutta, correndo così il rischio di bruciare tutto.

Gabriella: Detto questo, se a cottura ultimata il piatto sembrerà liquido, basterà tenerlo ancora qualche minuto sul fuoco vivace e senza coperchio...

Lucia: ...ed ecco che quello che era di troppo sparirà e la ricetta scelta riuscirà.

Stefania: Ahò, dobbiamo proporre delle ricette o giochiamo a chi trova più rime?!

Cesare: Ora parlo io... Come mi insegnò il padre del padre...

Ezio: Oddio, mo ricomincia questo.

Giulio: A Cè, e stringi!

Cesare: Va bene, quello che stavo cercando di dire è che ci sono dei termini molto frequenti che sono alla base della preparazione di un sacco di ricette.

Ezio: È arrivato il maestro.

Giulio: Ah Ezio... a Cesare je se pò dì tutto tranne che non sa cucinare.

Ezio: In effetti…

Cesare: E me fate finì! Allora per esempio «BAGNOMARIA E SOFFRITTO»…

Ezio: E che è, il colmo di un rapinatore che entra in uno stabilimento e se trova davanti un poliziotto?!

Gabriella: Come dice, scusi?

Ezio: BAGNO-MARIA e SO' FRITTO! Fa ride, no?

Stefania: No.

Cesare: Me fate finì, sì o no?

Giulio: E pure te va avanti!

Cesare: Il bagnomaria è un metodo di cottura. Si pone la pirofila con il contenuto da cuocere in una teglia più grande contenente acqua: la pirofila deve essere immersa per 3/4.

A questo punto si mette la teglia sul gas o in forno a 180°, in modo che l'acqua si scaldi sotto il punto di ebollizione.

Lucia: A un primo impatto fa un po' paura, è vero, ma è un processo talmente facile che quando l'ho insegnato a Eva per un mese intero tutte le sere cenava con frutta immersa nella «fondue» di cioccolata.

Stefania: ... che si fa, appunto, mettendo il cioccolato a bagnomaria. Pure tu se non ti spieghi!

Cesare: Altrettanto facile, ma ancora più fondamentale per la riuscita di molti piatti, è il soffritto: una carota, una cipolla, mezza costa di sedano. Se pulisce tutto, se taja a cubetti e si butta in padella con un filo d'olio a fuoco medio finché non pija colore.

Stefania: La cosa che mi ha sempre infastidito dei libri di ricette è che sempre, e sottolineo sempre, vengono indicate, per le cotture al forno, le temperature di quello elettrico.

Lucia: E se io ho ancora quello a gas?

Cesare: Ahò... donne uguale polemiche, eh?! Comunque ha detto quella della casa editrice che bisogna indicare quelle del forno elettrico. Nelle mie ricette, comunque, tranne per la crostata non si usa mai il forno, tiè!

Giulio: Cesare! Non ci si rivolge così, sono sempre delle signore...

Cesare: Scusa Giù, ma quando è troppo è troppo! Comunque anche io a casa ho il forno a gas e mica faccio tutte queste storie! All'inizio stavo sempre con il libretto delle istruzioni in mano per capire a che temperatura corrispondesse ogni numero, poi ho imparato... anche bruciando diverse cose!
La cucina, e di conseguenza anche il forno, è il prolungamento dei nostri bracci.
Sarà un caso che ci sono della gente, donna, che fa tante storie a cucinare a casa degli altri o a cambiare elettrodomestici?!

Gabriella: Ora basta! State sempre a discutere! Tutti fuori dalla cucina che dico un'ultima cosa io e poi si comincia! Nelle nostre ricette in cui va usata la besciamella – o la pasta sfoglia –, ovviamente viene descritto il processo di preparazione, ma non c'è niente di male se invece comprate quelle già confezionate!
Tocca a voi ora mettervi alla prova, e ci auguriamo che, se seguirete passo passo le ricette di questo libro, quando sarete pronti a farle assaggiare a qualche vostro «malcapitato» ospite, non potrà mai dire, e non solo ai dolci, «che amarezza»!

Il trio: Cesare, Giulio ed Ezio

i cesaroni

Perché il padre del padre del padre del padre di mio padre...

C'è della gente per cui la cucina è un'arte bella solo se la fai in allegria. Come nella mia osteria.
Fosse per me davanti al nostro buon vino *Senz'amarezza* metterei bruschette, fave e pecorino, filetti di baccalà come li faceva mammà.
Solo che alla Garbatella c'è della gente che non spilucca. E a me caro me costa! Questi se magnerebbero tutto. Come me. So' onnipresenti. So' onnivori. Io certe volte je dico: «Ma non ce l'avete 'na casa?» E loro me rispondono: «A Cè, magnà alla bottiglieria è come sta' a casa mia ma con la mejo compagnia». E allora me commuovo. Me fa male lo stomaco. E me ricordo che sto a digiuno da quasi venti minuti.
Per me se una cosa fumante me sta davanti agli occhi, prima o poi me finisce nella pancia. È per questo che adoro i saltimbocca alla romana. Io so' romano. Quelli so' boni. E se se chiameno così ce sarà un motivo, no?
Io non so neanche come funziona un congelatore.

Perché così m'ha insegnato mio padre, e al padre di mio padre je l'aveva insegnato suo padre, e poi non me ricordo più... E me chiedo perché a mi' fratello non gli hanno insegnato niente?!

Come al solito ci rimettono sempre i più grandi, eh già, perché se pe' magnà devo aspettà lui o quel pennellone dell'amico suo campa cavallo, tanto se sa… Giulio ed Ezio ormai se so' abituati alle mie braciolate e se fanno certe magnate!

Tutti belli tracagnotti, belli piazzati, felici e con la pancia piena, che poi se sa alle donne manco je dispiace. Perciò, quando c'hai fame magna. Con tutto quello che devi tribolà, per me la vita si distingue in chi sa vive e chi se mette a dieta. Io ho scelto la prima.

Barchette di pera con formaggio

Il trio: Cesare, Giulio ed Ezio

Ingredienti x 2 persone

4 pere piccole
200 g di formaggio Philadelphia
150 g di ricotta (sostituibile con analogo quantitativo di stracchino o gorgonzola; volendo, potete anche fare un mix con 75 g di ricotta e 75 g di stracchino o gorgonzola)
una bustina di pinoli (sostituibili con le mandorle)
sale
1/2 cucchiaino da caffè di peperoncino rosso macinato

Difficoltà: ♥ ♥

Sbucciate le pere, tagliatele a metà e levate il torsolo in modo da formare delle barchette.
In una ciotola impastate il Philadelphia con la ricotta (o con i formaggi che avete scelto), un pizzico di sale e il peperoncino.
Riempite le barchette di pera con l'impasto, cospargetele con i pinoli (o le mandorle spellate) poi lasciatele riposare in frigorifero da dove le preleverete 20 minuti prima di portarle in tavola.

♥ *Vale sempre il detto «Al contadino non far sapere quanto è buono il formaggio con le pere».*

Bruschetta

Ingredienti

pane casereccio (fette alte un dito)
aglio
olio (di quello bono)
sale

Difficoltà: ♥

Abbrustolite («bruscate») la fetta di pane, strofinatevi sopra lo spicchio di aglio e condite con olio e sale.

Fave e pecorino (A' fava col pecorino)

Il trio: Cesare, Giulio ed Ezio

Ingredienti

fave
pecorino romano piccante

Difficoltà: riuscire a smettere

Qua nun ce sta tanto da preparà, piuttosto d'avè gusto de sapé magnà.
Pe' falla golosa la fava deve esse fresca come 'na rosa, il pecorino piccante co' la lacrima e tanto buon vino pe' spegne la sete.

Ingredienti x 4 persone

Filetti di baccalà fritti

800 g di baccalà
abbondante olio per la frittura

Per la pastella:
80 g di farina
1 bicchiere e 1/2 d'acqua
1 presa di sale

Difficoltà: ♥♥

Tagliate il baccalà a liste larghe un dito. Preparate la pastella. Mettete la farina e il sale in una ciotola e versatevi a poco a poco l'acqua, mescolando con un cucchiaio di legno perché non si formino grumi. Un unico accorgimento: l'impasto non deve mai risultare troppo liquido, in tal caso aggiungete altra farina.
Consiglio: se si desidera una pastella che in cottura risulti più croccante potete aggiungere 1 uovo ogni 30 g di farina.
Immergete i filetti di baccalà nella pastella e friggeteli nell'olio bollente.

Fiori di zucca fritti

Ingredienti x 4 persone

12 fiori di zucca
12 acciughe
125 g di mozzarella fior di latte
abbondante olio per la frittura

Per la pastella:
1 bicchiere d'acqua
80 g di farina
un pizzico di sale

Difficoltà:

Preparate la pastella. Mettete la farina e il sale in una ciotola e versatevi a poco a poco l'acqua, mescolando con un cucchiaio di legno perché non si formino grumi. Un unico accorgimento: l'impasto non deve mai risultare troppo liquido, in tal caso aggiungete altra farina.
Consiglio: se si desidera una pastella che in cottura risulti più croccante potete aggiungere 1 uovo ogni 30 g di farina.
Tagliate a dadini acciughe e mozzarella, aprite i fiori di zucca, privandoli del pistillo interno, distendeteli facendo attenzione a non romperli e riempiteli con un pezzetto d'acciuga e un dadino di mozzarella. Poi richiudeteli.

Immergeteli a uno a uno nella pastella e friggeteli in abbondante olio bollente. Lasciateli scolare su un piatto coperto con un foglio di carta assorbente.
Mangiateli finché sono ancora ben caldi.

Frittata con la cipolla

Il trio: Cesare, Giulio ed Ezio

Ingredienti x 2 persone

4 uova
100 g di cipolla (all'incirca 1 cipolla grande)
olio per ungere la padella
sale
pepe

Difficoltà: ❤ ❤

Sbattete in una ciotola le uova condite con un pizzico di sale e pepe.

Sbucciate la cipolla e tagliatela a fettine molto sottili, che poi farete imbiondire in una padella dove avrete fatto scaldare l'olio. A questo punto aggiungete le uova sbattute.

Lasciate cuocere da un lato, poi con l'aiuto di un piatto (o di un coperchio) girate la frittata e completate la cottura anche dall'altro lato.

Una volta pronta, fate scivolare la frittata su un piatto da portata e servitela tagliandola a spicchi.

Pasta e fagioli in crosta di pane

Ingredienti x 4 persone

500 g di fagioli in scatola (il peso è da intendersi per il prodotto sgocciolato)
200 g di pasta corta (ditalini, spaghetti spezzati o maltagliati all'uovo)
100 g di guanciale o di pancetta dolce o affumicata
200 g di passata di pomodoro
1 cipolla
1 carota
1 costa di sedano
olio extravergine di oliva
sale
pepe
2 pagnotte di pane casereccio di circa 1 kg e 1/2 l'una e di dimensioni più o meno pari a 30x25 cm circa (da utilizzare al posto dei piatti)

Difficoltà: ♥♥♥

Sgocciolate i fagioli, sciacquateli e passatene circa 3/4 nel mixer, trasformandoli in purè. Lasciate i fagioli rimanenti interi.
In una casseruola preparate il classico soffritto con cipolla, sedano e carota. Quando è ben rosolato, aggiungete prima la pancetta tagliata a dadini (se preferite potete anche

macinarla) e poi i fagioli che avete lasciato interi e fate insaporire il tutto per qualche minuto. Unitevi, infine, il purè di fagioli e la passata di pomodoro e lasciate cuocere per circa 20 minuti a fuoco lento, mescolando di tanto in tanto in modo che non si attacchi.
Nel frattempo salate e fate bollire l'acqua per la pasta e, dopo averla scolata ancora al dente, aggiungetela al composto e fate sobbollire il tutto ancora per qualche minuto, in modo che si amalgami bene.
Nel frattempo tagliate le pagnotte in due metà che, una volta svuotate della mollica, verranno utilizzate a mo' di fondine. Dopo aver versato la pasta e fagioli in questi «recipienti» di pane, ognuno vi aggiungerà del buon olio a crudo e del pepe macinato nelle quantità desiderate.

Trippa alla trasteverina

Ingredienti x 4 persone

700 g di trippa già lessata
1 carota
2 cipolle
400 g di pomodori pelati o di salsa di pomodoro
50 g di parmigiano grattugiato (oppure, se preferite, 25 g di pecorino e 25 g di parmigiano)
2 spicchi di aglio (se vi piace)
olio
sale
pepe

Difficoltà: ♥♥♥

Lavate la trippa, tagliatela a pezzi e, anche se è già cotta, fatela bollire ancora in acqua salata per 10 minuti. Poi scolatela e tagliatela a listarelle.

Pulite e tagliate a fettine sottili le cipolle, la carota e l'aglio e fate soffriggere il tutto in un tegame con un po' d'olio. Quando la cipolla sarà ammorbidita aggiungete la trippa, lasciatela insaporire un po', poi unitevi i pomodori sminuzzati o la salsa di pomodoro. Salate, pepate e proseguite la cottura con il coperchio finché la trippa non risulterà così morbida da sciogliersi in bocca (è necessario assaggiarla di tanto in tanto). Prima di servirla, cospargetela di parmigiano grattugiato.

Crostata di ricotta

Il trio: Cesare, Giulio ed Ezio

Ingredienti x 4 persone

600 g di ricotta
200 g di panna da cucina
3 cucchiai di farina bianca
2 uova
100 g di prosciutto cotto
sale
pepe
burro o carta da forno
pasta sfoglia

Difficoltà: ♥♥♥

Mescolate in una terrina la ricotta, la panna, la farina, le uova e il prosciutto cotto tagliato a dadini. Insaporite con sale e pepe. Se l'impasto dovesse risultare troppo liquido aggiungete altra farina.
Preriscaldate il forno a 200°.
Ricoprite con la pasta sfoglia una teglia precedentemente imburrata o rivestita con carta da forno. Versatevi l'impasto e copritelo con il resto della pasta sfoglia facendola aderire ai bordi.
Cuocete in forno per circa 1 ora .
Per controllare la cottura infilzate la crostata con uno stuzzicadenti, che dovrà uscire pulito e asciutto.

Polenta con la salsiccia

Ingredienti x 4 persone

400 g di farina gialla
200 g di salsiccia
500 g di polpa di pomodoro
1 cipolla
1 costa di sedano
1 carota
3 cucchiai di olio extravergine d'oliva
sale
pepe
parmigiano grattugiato (se vi piace)

Difficoltà: ♥♥♥

Affettate la salsiccia e fatela rosolare in una padella antiaderente per 5 minuti in modo che si sgrassi leggermente.
Lavate, pulite e tagliate a dadini la carota e il sedano e fateli rosolare in una padella con l'olio e la cipolla affettata sottilmente.
Aggiungete la polpa di pomodoro, salate, pepate e lasciate cuocere per 20 minuti.
A questo punto unite la salsiccia e proseguite la cottura per altri 10 minuti.
Nel frattempo in una pentola portate a ebollizione 1 litro d'acqua salata, versatevi a pioggia la farina e mescolate

continuamente con un cucchiaio di legno. Il tempo di cottura della polenta varia da 45 minuti a 1 ora a seconda della grana della farina.
Appena la polenta è pronta, disponetela sugli appositi piatti di legno e conditela con il sugo e le salsicce. Se vi piace, potete aggiungere una spolverata di parmigiano grattugiato.

Braciolette d'abbacchio alla scottadito

Ingredienti x 4 persone

8 braciolette d'abbacchio
sale
pepe
olio extravergine di oliva

Difficoltà:
Mi raccomando, però, quando accendete il barbecue cercate di non fare come Ezio, altrimenti non troverete manco un pompiere in giro.

Battete le braciole con il pestacarne in modo che risultino ben appiattite, salatele, pepatele e ungetele con un filo d'olio.

Arrostitele sulla brace (o, se non siete riusciti a organizzare il barbecue, sulla bistecchiera) prima da un lato, poi dall'altro a fuoco molto vivace.

Pe' magnalle alla maniera romana è fondamentale servirle croccanti, ma soprattutto ustionanti altrimenti nun se spiega er nome.

Saltimbocca alla romana

Il trio: Cesare, Giulio ed Ezio

Ingredienti x 4 persone

8 fettine di vitello
8 fette di prosciutto crudo
8 foglioline di salvia
40 g di burro
olio per ungere la padella
1 tazzina di vino
sale
8 stuzzicadenti

Difficoltà: ❤ ❤

Disponete su ogni fettina di vitello una fetta di prosciutto e una foglia di salvia.

Fermate la fettina di prosciutto e la foglia di salvia sulla fettina di vitello con uno stuzzicadenti. Attenzione: le fettine non vanno arrotolate, altrimenti otterreste dei semplici involtini.

In una padella mettete una noce di burro (basta circa per due fettine) e un filo d'olio, buttateci dentro i saltimbocca e aggiungete la tazzina di vino.

Lasciate cuocere a fuoco piuttosto vivace. Il tempo di cottura può variare dagli 8 ai 10 minuti a seconda dello spessore della carne. Salate se necessario.

Carciofi alla giudia

Ingredienti x 4 persone

4 carciofi romaneschi (grandi, sodi e non aperti)
sale
pepe
olio extravergine di oliva in abbondanza

Difficoltà: ♥ ♥

Private i carciofi delle foglie esterne dure e dei gambi; questi ultimi andranno tagliati calcolando circa 4 cm dall'estremità. Con le mani allargate le foglie interne in modo tale da poter salare e pepare il cuore del carciofo.
Nel frattempo in un tegame fate scaldare un'abbondante quantità di olio (dovrà ricoprire i carciofi), immergete quindi i carciofi con la testa all'ingiù e lasciateli cuocere per 10 minuti a fuoco basso (l'obiettivo è far cuocere l'interno). Dopodiché, a fuoco vivace, continuate la cottura per altri 10 minuti per permettere alle foglie esterne di diventare croccanti. Scolateli su un piatto ricoperto con carta assorbente e serviteli ancora ben caldi.
La riuscita del piatto dipende proprio dall'olio, che all'inizio dovrà essere semplicemente caldo per cuocere il cuore del carciofo e verso la fine dovrà diventare bollente per «incroccantire» l'esterno.

Fagioli con le cotiche (Li facioli co' le cotiche)

Il trio: Cesare, Giulio ed Ezio

Ingredienti x 6 persone

500 g di fagioli bianchi secchi piuttosto grossi
3 coste di sedano
300 g di cotiche di maiale ben scorticate
1 cucchiaio di strutto
1/2 cipolla
100 g di guanciale a dadini
500 g di pomodori
sale
pepe

Difficoltà: ♥ ♥ ♥

Mettete a bagno i fagioli la sera prima. Lessateli con 2 coste di sedano intere in abbondante acqua salata.
Nel frattempo lessate le cotiche per pochi minuti, a fuoco vivace, poi cambiate l'acqua e proseguite la cottura questa volta a fuoco lento. Poi tagliatele a pezzetti.
Intanto soffriggete nello strutto la 1/2 cipolla tritata, la costa di sedano rimasta e il guanciale, tagliati a dadini. Una volta dorato il guanciale, aggiungetevi i pomodori sminuzzati, il sale e il pepe.

A metà cottura dei pomodori unite i fagioli e le cotiche tagliate a pezzetti. Completate la cottura per una decina di minuti mescolando fintanto che il composto non si è addensato.
Prima di servire il piatto, aggiungete un pizzico di pepe.

Peperoni all'agrodolce

Il trio: Cesare, Giulio ed Ezio

Ingredienti x 4 persone

4 peperoni gialli
3 cucchiai di olio extravergine d'oliva
1 cipolla bianca media
5 cucchiai di zucchero
1 punta di sale
2 cucchiai di aceto

Difficoltà:

Lavate e tagliate a cubetti i peperoni avendo cura di togliere bene le parti bianche interne e i semini.
Affettate sottilmente la cipolla e fatela imbiondire in un tegame con l'olio. Unitevi poi i peperoni. Mescolate e fate proseguire la cottura a fuoco medio-basso per 15-20 minuti.
Quindi aggiungete il sale, lo zucchero e l'aceto continuando a mescolare.
Lasciate cuocere ancora per 10 minuti finché il sugo si sarà rappreso in una sorta di salsetta e i peperoni sembreranno caramellati.

Puntarelle

Ingredienti x 4 persone

500 g di puntarelle
aglio (se vi piace)
50 g di filetti di acciughe sott'olio
5 cucchiai di olio extravergine di oliva
sale

Difficoltà: ♥

Se non le trovate già pulite, pulite le puntarelle staccando la parte esterna in senso verticale fin quando le vedrete arricciarsi. Lavatele accuratamente, scolatele e mettetele in un'insalatiera.
Nel mortaio preparate un'abbondante salsina con acciughe, aglio, olio e sale, con cui poi condirete le puntarelle.
Mangiatele dopo averle lasciate riposare almeno 5 o 6 ore.

Vignarola

Ingredienti x 4 persone

4 carciofi grandi
300 g di piselli in scatola o surgelati (il peso è da intendersi per il prodotto sgocciolato-scongelato)
300 g di fave
1 cespo di lattuga romana
3 cipollotti novelli
2 cucchiai di olio extravergine d'oliva
sale
pepe

Difficoltà: ♥ ♥

Pulite e liberate delle foglie più esterne i carciofi che poi laverete e taglierete a spicchi.
Pulite, tagliate e lavate la lattuga.
Sbucciate le fave, sgocciolate i piselli (se usate i piselli surgelati, potete lessarli leggermente prima, senza salarli, in modo che non si induriscano) e affettate sottilmente i cipollotti.
In un tegame fate imbiondire a fuoco basso i cipollotti con l'olio, aggiungete poi la lattuga e i carciofi, salate e pepate.
Coprite il tegame e lasciate cuocere sempre a fuoco basso, aggiungendo un po' di acqua calda per evitare che la preparazione si asciughi troppo.
Quando i carciofi si saranno ammorbiditi, aggiungete i piselli e le fave.

La cottura complessiva di questo piatto varia dai 30 ai 40 minuti, a seconda della morbidezza delle verdure. Il consiglio, comunque, è quello di assaggiare, per assicurarsi che tutto risulti ben cotto.

È importante 'sto piatto, perché oltre a esse' de la nostra città bella, è proprio caratteristico del quartiere Garbatella.

Bignè di San Giuseppe

Il trio: Cesare, Giulio ed Ezio

Ingredienti x 4 persone

100 g di farina
50 g di burro
2 uova
3 cucchiai di zucchero
scorza di 1 limone grattugiata
sale
olio di semi (per la frittura)

Difficoltà: ♥ ♥ ♥

Versate un bicchiere d'acqua in un pentolino, aggiungetevi il burro e un pizzico di sale e mettete sul fuoco. Quando arriva a ebollizione versatevi la farina a pioggia, mescolando sempre per evitare che si formino grumi e lasciate cuocere per 5 minuti. Poi fate raffreddare il composto finché non si addensa. A questo punto incorporatevi le uova precedentemente sbattute, lo zucchero e la scorza di limone grattugiata.

In una padella mettete abbondante olio per la frittura e quand'è ben caldo versatevi il composto a cucchiaiate non troppo grandi, facendo attenzione che rimangano separate le une dalle altre.

Quando i bignè così ottenuti risulteranno gonfi e dorati, toglieteli dall'olio e lasciateli sgocciolare per bene su un piatto coperto di carta assorbente, tenendoli al caldo finché non avrete ultimato la cottura di tutti. Alla fine, spolverizzate i bignè di zucchero.

Volendo potete riempirli di crema pasticciera, Nutella o marmellata utilizzando una siringa per dolci.

Lucia e Stefania

i cesaroni

L'arte di tener insieme gusti, tempo e fantasia

In cucina ci vuole tempo. E quello non c'è mai. E ci vogliono pure gli ingredienti giusti. Questi, invece, ce li abbiamo; e allora si tratta di ingegnarsi.
Che se ci fosse, appunto, un ministero della Cucina, noi saremmo senza portafoglio. E allora bisogna usare la fantasia e risparmiare. Per prima cosa, riciclare tutto quello che si può appallottolare.
A casa nostra a chi lascia avanzi nel piatto non si dice: «Su, finisci tutto. Pensa a come sei fortunato, pensa a chi non ha niente da mangiare!» Da noi non si butta via nulla. Basta un

po' di creatività per trasformare quello che resta in mille modi diversi. Non abbiate paura di lavorare con la fantasia, mischiare sapori e colori, giocare con altre forme: solo così potrete scoprire nuove e infinite possibilità.

Ampliare gli orizzonti, sensibilizzare il gusto, incuriosire con il mistero: ecco le nostre parole d'ordine. Non abbiamo tempo da perdere. Al massimo possiamo perdere la faccia, ma possiamo sempre dire che la nuova ricetta di sformato di cavolfiori in trionfo di pollo mantecato l'abbiamo trovata su un famoso libro di alta cucina.
Giulio ed Ezio ci cascano, perché a loro basta sentire il profumino di qualcosa da mangiare per andare subito fuori di testa.
I ragazzi, al contrario, sono più sospettosi. Ma a loro diciamo che, in fondo, non tutte le ciambelle riescono col buco, però se sono fatte con gli ingredienti giusti sono buone lo stesso. Anzi, talvolta, anche di più.

Frittelle di asparagi

Lucia e Stefania

Ingredienti x 4 persone

1/2 kg di asparagi
1 albume
50 g di parmigiano grattugiato
olio di semi (per la frittura)
sale

Per la pastella:
1 bicchiere d'acqua
80 g di farina
un pizzico di sale

Difficoltà:

Preparate la pastella. Mettete la farina e il sale in una ciotola, aggiungetevi a poco a poco l'acqua mescolando con un cucchiaio di legno perché non si formino grumi. Un unico accorgimento: l'impasto non deve mai risultare troppo liquido, in tal caso aggiungete altra farina.
Consiglio: se si desidera una pastella che in cottura risulti più croccante potete aggiungere 1 uovo ogni 30 g di farina.
Pulite e lessate gli asparagi in acqua salata. Se li avete, potete usare anche gli asparagi lessati che vi sono avanzati dal pranzo o dalla cena.
Nel frattempo montate l'albume a neve e aggiungetelo alla pastella con il parmigiano.

Scolate gli asparagi, tagliateli a pezzetti e immergeteli nella pastella.
In una padella mettete abbondante olio per la frittura e, quand'è ben caldo, versatevi, una dopo l'altra e in modo che non si appiccichino tra loro, cucchiaiate non troppo grandi di pastella con gli asparagi, formando tante frittelline.
A mano a mano che risulteranno gonfie e dorate, scolatele dall'olio con un mestolo forato e mettetele ad asciugare su un piatto coperto con carta assorbente.
Servitele ben calde. Sono ottime come antipasto.

Mousse di carciofi

Ingredienti x 4 persone

300 g di formaggio fresco (tipo ricotta, giuncata, Philadelphia o stracchino)
250 g di carciofi senza gambo
2 fogli (4 g) di colla di pesce
2 albumi
succo di 1 limone
sale
pepe

Difficoltà: ♥♥♥

Trattate la colla di pesce per l'uso secondo le istruzioni che trovate sulla confezione, aggiungetevi il succo di limone e lasciate raffreddare.
Pulite i carciofi, privandoli delle foglie esterne e del gambo, lavateli e frullateli con il sale e il pepe, amalgamateli con la colla di pesce e il formaggio fresco e frullateli di nuovo fino a ottenere un composto omogeneo.
A questo punto, unitevi gli albumi, dopo averli montati a neve con un pizzico di sale, e versate il tutto in uno stampo da soufflé, che metterete in frigorifero e lascerete rassodare per 3-4 ore prima di servire.
Potete consumare la mousse come antipasto, eventualmente accompagnandola con crostini di pane abbrustolito.

Palline di ricotta

Ingredienti x 4 persone

400 g di ricotta
20 g di farina
120 g di parmigiano grattugiato
2 uova
pangrattato
rosmarino
salvia
basilico
olio di semi (per la frittura)
sale
pepe

Difficoltà: ♥ ♥

Tritate la salvia, il basilico e il rosmarino. Amalgamate la ricotta con la farina, le uova, il parmigiano, un pizzico di sale e pepe e due prese di aromi tritati fino a ottenere un composto omogeneo, dal quale ricaverete tante palline da passare singolarmente nella farina.

In una padella versate abbondante olio per la frittura e, quando sarà ben caldo, immergeteci le palline di ricotta, facendole dorare per bene.

Quando saranno cotte, scolatele dall'olio con un mestolo forato e mettetele ad asciugare in un piatto coperto con un foglio di carta assorbente.

Potete servirle ben calde come antipasto.

Uova ripiene

4 uova
160 g di tonno sott'olio
3-4 cucchiai di maionese

Difficoltà: ❤❤

Tirare le uova fuori dal frigorifero mezz'ora prima di iniziare a cucinare.
In un pentolino pieno di acqua (tanta da coprire le uova) fate rassodare le uova per 7 minuti dopo che si è levato il bollore.
Nel frattempo scolate il tonno dall'olio.
Quando si saranno raffreddate, sgusciate le uova, dividetele a metà e privatele del tuorlo facendo attenzione a non rompere la parte bianca.
A questo punto frullate i tuorli con il tonno e la maionese fino a ottenere un impasto liscio e omogeneo, con cui riempirete i bianchi dell'uovo.
Prima di servire, lasciate riposare le uova in frigorifero per circa 1 ora.
Sono ottime come antipasto in una cena leggera.

Gnocchi di pane

Ingredienti x 4 persone

3/4 di litro di latte (750 ml)
4 panini all'olio o al latte
2 uova
2 cucchiai di farina
sale
pepe
40 g di burro
parmigiano grattugiato

Difficoltà: ♥♥

Mettete i panini a bagno nel latte per 2 ore. Scolateli e passateli al setaccio in modo da ottenere una sorta di poltiglia omogenea. A questo punto, impastateli con le uova, la farina, il pepe e il sale fino a ottenere un composto denso e compatto, con cui poi ricaverete tante piccole palline.

Portate l'acqua a ebollizione e cuocetevi gli gnocchi.

A mano a mano che affiorano in superficie, scolateli con un mestolo forato, metteteli in una terrina e conditeli con burro fuso e parmigiano.

Riso al forno con il formaggio

Ingredienti x 4 persone

450 g di riso
1/2 cipolla bianca
1 porro
400 g di formaggi misti avanzati (provola, gorgonzola, fontina, ricotta...)
1 pera matura
burro
latte
farina
sale
parmigiano grattugiato

Difficoltà: ♥♥♥

Cuocete il riso nell'acqua bollente salata e scolatelo al dente. Se lo avete, potete usare anche del riso che vi è avanzato dal pranzo o dalla cena.
Tagliate i formaggi a dadini e la pera e fettine sottili.
In una padella soffriggete, in una noce di burro, il porro e la mezza cipolla tagliata a fettine, aggiungetevi i formaggi e un goccio di latte per amalgamare bene il tutto.
Preriscaldate il forno a 200°.
Mescolate il riso con il composto di formaggi (se dovesse risultare troppo asciutto, ammorbiditelo con un po' di latte)

e versatelo in una pirofila leggermente unta e infarinata. Ricoprite con il parmigiano, la pera e qualche fiocchetto di burro. Infornate per 30 minuti.
Servite ben caldo.

Supplì al telefono

Ingredienti x 6 supplì

300 g di riso avanzato
200 g di ragù di carne avanzato
1 uovo
1 tuorlo
60 g di mozzarella fiordilatte
pangrattato
olio di semi (per la frittura)

Difficoltà:

Ogni volta che prepariamo il riso cerchiamo in tutti i modi di non incrociare gli sguardi dei nostri ragazzi che si posizionano come in una sorta di accerchiamento pronti a dirci: «Allora stasera supplì?» dando per scontato che cucineremo una dose supplementare di riso.
E sapete che cosa accade se noi siamo così brave da non cedere alle loro suppliche?
Quando arriva il momento di mettersi a tavola, d'accordo con quei tre scansafatiche di Giulio, Cesare ed Ezio, non mangiano neanche un chicco di riso, così siamo obbligate a preparargli i supplì per far fuori gli avanzi.

Amalgamate il riso con l'uovo intero, il tuorlo e il ragù.
Tagliate la mozzarella a dadini non tanto larghi ma piuttosto lunghi.
Con l'impasto di riso e ragù formate tante polpette di forma

ellittica al centro delle quali infilerete un dadino di mozzarella. A questo punto passate ogni polpetta nel pangrattato. In una padella mettete abbondante olio per la frittura e, quando sarà ben caldo, immergeteci, uno dopo l'altro, i supplì.
E qui viene il bello! Il supplì, infatti, deve diventare croccante fuori, ma la mozzarella che è dentro deve rimanere morbida e filante... Non esistono trucchi. Ci vuole solo un po' di esperienza, per cui non scoraggiatevi se le prime volte non vi vengono proprio perfetti!
Una volta cotti, scolateli con un mestolo forato e metteteli su un piatto coperto con un foglio di carta assorbente.
Vanno mangiati bollenti... quasi ustionanti!

Zucchine ripiene di carne (con variante vegetariana e al pesce)

Ingredienti x 4 persone

8 zucchine grosse
100 g di carne macinata
100 g di salsiccia
400 g di mollica di pane
latte
1 uovo
50 g di parmigiano grattugiato
sale
pepe

Difficoltà: ❤❤

Lavate, lessate e svuotate le zucchine con l'apposito attrezzo (se non lo avete, vi consigliamo di dividere le zucchine a metà per il lungo e svuotarle con un cucchiaino). Conservate la polpa che avete tolto in una ciotola perché andrà utilizzata in seguito.
Nel frattempo fate ammollare la mollica di pane nel latte.
A questo punto amalgamate la polpa delle zucchine con la

carne macinata e la salsiccia, la mollica di pane strizzata, l'uovo e il parmigiano. Salate e pepate.
Preriscaldate il forno a 200°.
Riempite le zucchine con l'impasto che avete preparato, poi sistematele su una teglia ricoperta con carta da forno. Infornate e fate cuocere per 30 minuti.

Variante vegetariana

100 g di ricotta
100 g di formaggio dolce non stagionato (tipo provola, Asiago, Bel Paese)

Nell'impasto del ripieno, sostituite la carne con la ricotta e il formaggio tagliato a cubetti. Poi procedete come indicato sopra.

Versione con pesce

150 g di tonno sott'olio

Nell'impasto per il ripieno, sostituite la carne con il tonno dopo averlo privato dell'olio. Poi procedete come indicato sopra.

Francesina

Ingredienti x 4 persone

400 g di carne lessa avanzata
800 g di cipolle
400 g di pomodori o passata di pomodoro
qualche foglia di salvia o basilico
olio
sale
pepe

Difficoltà: ♥ ♥

In una padella fate rosolare le cipolle tagliate a fettine sottili. Aggiungete qualche foglia di salvia o di basilico e i pomodori tagliati a tocchetti (oppure la passata di pomodoro). Aggiustate di sale e pepe e lasciate sobbollire per circa 20 minuti.

Appena il sugo è pronto, unitevi la carne lessa, che nel frattempo avrete tagliato a fettine, coprite la padella con un coperchio e lasciate cuocere a fuoco lento per altri 20 minuti, mescolando di tanto in tanto.

Servite il piatto ben caldo.

Una curiosità: questa ricetta è nata per utilizzare gli avanzi di tipi diversi di carne.

Frittata con la pasta

Ingredienti x 4 persone

300 g di pasta avanzata già condita
3 uova
olio o burro
parmigiano grattugiato
sale

Difficoltà: ❤ ❤

In una ciotola, tagliate la pasta a pezzettini, aggiungetevi le uova, il parmigiano e un pizzico di sale. Dopodiché versate il tutto in una padella precedentemente unta con un po' di olio o con una noce di burro.

Lasciate cuocere la frittata da un lato, poi con l'aiuto di un piatto o di un coperchio rivoltatela e fatela cuocere anche dall'altro lato.

Una volta pronta, fatela scivolare su un piatto da portata e servitela tagliata a spicchi.

Frittata con le zucchine

Lucia e Stefania

Ingredienti x 2 persone

4 uova
2 zucchine
1 cipolla
olio
sale
pepe

Difficoltà: ♥ ♥

In una ciotola sbattete le uova condite con sale e pepe.

Lavate le zucchine, tagliatele a fettine e fatele rosolare in padella con un po' di olio. Quando saranno cotte, aggiungetele alle uova sbattute e versatele in un'altra padella dove avrete fatto imbiondire nell'olio la cipolla tagliata a fettine sottili.

Lasciate cuocere la frittata da un lato, poi con l'aiuto di un piatto o di un coperchio rivoltatela in modo che cuocia dall'altro lato.

Una volta pronta, fatela scivolare su un piatto da portata e servitela tagliata a spicchi.

Melanzane aperte al prosciutto

Ingredienti x 2 persone

2 melanzane un po' grosse
100 g di prosciutto cotto
100 g di mozzarella fiordilatte
400 g di pomodori
1 spicchio di aglio
pecorino grattugiato
origano
sale
olio

Difficoltà: ❤ ❤

Lavate le melanzane e tagliatele per il lungo in modo da ottenere tre fette abbastanza spesse attaccate tra loro. Salatele e lasciatele riposare per 30 minuti affinché perdano l'acqua e poi fatele scolare.
Nel frattempo in una padella soffriggete l'aglio nell'olio e aggiungetevi i pomodori, lasciandoli cuocere per circa 20 minuti. Poi passate il tutto nel passaverdura in modo da ottenere una salsa densa.
Preriscaldate il forno a 180°.
Tagliate il prosciutto a pezzetti o striscioline.
Sciacquate le melanzane, spennellatele di olio e mettetele su una piastra in forno per alcuni minuti finché non divente-

ranno molli. Dopodiché tiratele fuori e lasciatele raffreddare. Quindi sistemate il prosciutto e la mozzarella tra una fetta di melanzana e l'altra, disponete le melanzane in una pirofila leggermente unta di olio, conditele con la salsa di pomodoro, un po' di origano e di sale e, dopo averle cosparse di pecorino, fatele cuocere nel forno per circa 10 minuti finché non saranno gratinate.

Polpette di patate e cavolfiore

Ingredienti x 6 persone

300 g di cavolfiore
300 g di patate
olio extravergine d'oliva
1 scalogno
60 g di parmigiano grattugiato
3 cucchiai di farina
olio di semi (per la frittura)
sale
pepe

Difficoltà:

Spesso, quando facciamo la classica insalata di patate e cavolfiore, ne rimane sempre una grande quantità, visto che la mangiamo solo noi donne. Questa ricetta, quindi, può essere un buon modo di utilizzare gli avanzi.

Con l'aiuto di una forchetta schiacciate le patate e i cavolfiori lessati aggiungendovi l'olio, il sale, il pepe e lo scalogno tritato (se non era già presente nell'insalata avanzata). Dopo aver aggiunto al composto anche il parmigiano, ricavatene tante polpette che poi passerete a una a una nella farina e farete cuocere in una padella dove avrete messo a scaldare abbondante olio per la frittura.

Quando saranno ben dorate, scolate le polpette dall'olio con un mestolo forato e mettetele ad asciugare su un piatto coperto con un foglio di carta assorbente.
Potete servirle ben calde come secondo leggero. Volendo, possono diventare anche un antipasto.

Polpette di pollo

Ingredienti x 4 persone

300 g di petto di pollo
1 porro
1 uovo
farina
olio
burro
olio di semi (per la frittura)
sale
pepe

Difficoltà: ♥♥

In una padella fate rosolare il petto di pollo con un po' di olio, poi lasciatelo raffreddare e frullatelo con l'uovo. Mettetelo in una terrina e unitevi il porro, dopo averlo tagliato a rondelle e fatto soffriggere con un po' di olio o burro. Aggiustate di sale e pepe e amalgamate bene il tutto in modo da ottenere un impasto compatto da cui ricaverete tante polpette.

In una padella mettete abbondante olio per la frittura e, quando sarà caldo, immergeteci un po' alla volta le polpette, dopo averle accuratamente infarinate.

Quando saranno cotte e ben dorate, scolatele dall'olio e disponetele su un piatto coperto con un foglio di carta assorbente.

Servitele calde.

Sformato di cavolfiori

2 cavolfiori
100 g di formaggi dolci
50 g di parmigiano grattugiato
50 g di burro
sale
pepe

Per la besciamella (se non la fate voi, compratene una confezione da 500 g):
50 g di burro
50 g di farina
1/2 litro di latte

Difficoltà:

Pulite, lavate e lessate i cavolfiori dopo averli divisi in pezzi. Tagliate i formaggi a cubetti.
Nel frattempo preparate la besciamella: in un pentolino fate sciogliere il burro, aggiungetevi la farina a pioggia (facendo attenzione che non si formino grumi: semmai passatela con un setaccio) e il latte precedentemente portato a ebollizione e mescolate continuamente con un cucchiaio di legno finché la besciamella non prende consistenza.
A questo punto aggiungete un pizzico di sale, coprite il

pentolino con un coperchio e fate proseguire la cottura a fuoco lento per 15 minuti, mescolando di frequente finché la besciamella non si sarà addensata.

Preriscaldate il forno a 200°.

Disponete i cavolfiori in una pirofila imburrata, aggiustate di sale e pepe e ricopriteli con la besciamella, i cubetti di formaggio e il parmigiano.

Infornate e cuocete per 15 minuti.

Servite lo sformato ben caldo come secondo. Se non avete troppa fame, può essere anche un gustoso piatto unico.

Soufflé ai formaggi

Ingredienti x 4 persone

150 g di formaggi poco stagionati avanzati (gruviera, provola...)
burro
50 g di parmigiano grattugiato
3 uova
sale

Per la besciamella (se non la fate voi, compratene una confezione da 500 g):
50 g di farina
50 g di burro
1/2 litro di latte

Difficoltà: ♥♥♥

Grattugiate i formaggi. Rompete le uova in due ciotole, separando i tuorli dagli albumi.
In un pentolino sciogliete il burro, poi aggiungetevi la farina un po' alla volta, in modo che non si formino grumi, e fate cuocere per qualche minuto mescolando continuamente con un cucchiaio di legno perché non si attacchi. Quindi togliete dal fuoco e, sempre mescolando, unitevi lentamente il latte, dopo averlo fatto scaldare a parte. Rimettete la besciamella così ottenuta sul fuoco e lasciatela cuocere a fiamma bassa finché non avrà raggiunto il bollore. A questo punto condite con un pizzico di sale, coprite il

pentolino con un coperchio e fate proseguire la cottura a fuoco lento per 15 minuti, mescolando frequentemente.
Quando la besciamella vi sembrerà ben addensata, incorporatevi i formaggi grattugiati e il parmigiano e mescolate bene.
Toglietela dal fuoco e, dopo averla lasciata intiepidire, incorporatevi i tuorli e poi gli albumi montati a neve.
Preriscaldate il forno a 170°.
Imburrate una pirofila e versatevi il composto. Infornate e lasciate cuocere per 30 minuti.

Crocchette di verdura

Lucia e Stefania

Ingredienti x 4 persone

2 zucchine lessate (o altre verdure avanzate, tipo melanzane, carote, broccoli)
2 patate lessate
olio extravergine d'oliva
prezzemolo
1 spicchio di aglio (se vi piace)
40 g di mozzarella fiordilatte
2 uova
parmigiano grattugiato
pangrattato (per l'impanatura)
80 g di farina (30 per l'impasto e 50 per l'infarinatura)
burro
sale
pepe

Difficoltà: ♥ ♥ ♥

Dopo aver premesso che le zucchine possono essere sostituite con altre verdure lessate che vi sono avanzate dal pranzo o dalla cena, in una padella fate soffriggere con un po' d'olio il prezzemolo e l'aglio tritati, quindi aggiungetevi le verdure dopo averle schiacciate con una forchetta e lasciatele insaporire per alcuni minuti. (Se non avete verdu-

re avanzate, usate quelle fresche, pulitele, lavatele e lessatele, poi procedete come indicato.)
Nel frattempo, in una terrina schiacciate le patate lessate e conditele con un pizzico di sale e di pepe.
Preriscaldate il forno a 200°.
Tagliate la mozzarella a dadini e sbattete un uovo in una ciotolina. Poi preparate altre due ciotoline con un po' di pangrattato e di farina.
A questo punto amalgamate le patate con le verdure stufate, l'uovo rimasto, il parmigiano e la rimanente farina fino a ottenere un impasto omogeneo, da cui ricaverete tante crocchette.
Aiutandovi con un dito, infilate un dadino di mozzarella nel mezzo di ciascuna crocchetta, passatela nella farina, poi nell'uovo e infine nel pangrattato.
Disponete le crocchette in una teglia precedentemente imburrata, infornate e lasciate cuocere per circa 20 minuti.
Sono ottime sia come antipasto sia come contorno di un secondo leggero.

Scarola saporita

Lucia e Stefania

Ingredienti x 6 persone

3 cespi di scarola
1 cipolla bianca
2 cucchiai di olio extravergine d'oliva
1 cucchiaiata di capperi non salati
300 g di pomodorini ciliegina
1 bustina di pinoli (se vi piacciono)
1 cucchiaiata di olive nere snocciolate (se vi piacciono)
sale
peperoncino

Difficoltà: ♥ ♥ ♥

Lavate, pulite e tagliate grossolanamente la scarola e fatela sbollentare per 2 minuti in una pentola con un po' di acqua. Lavate, pulite e tagliate a spicchietti i pomodorini e affettate la cipolla.
In una padella fate soffriggere nell'olio la cipolla, unitevi la scarola e lasciatela insaporire per 2 minuti. Aggiungetevi i pomodorini, i capperi (se avete solo quelli salati, sciacquateli prima sotto l'acqua corrente), le olive e i pinoli. Condite con un pizzico di sale e di peperoncino, lasciate proseguire la cottura per almeno 10 minuti, mescolando di tanto in tanto con un cucchiaio di legno e prestando attenzione che la scarola non risulti troppo asciutta.
Ottima anche fredda, può essere utilizzata per pizze rustiche.

Frittelle di riso

Ingredienti x 4 persone

350 g di riso
1 litro di latte
2 cucchiai di zucchero
scorza di un limone
2 uova
olio di semi (per la frittura)
sale
zucchero a velo

Per la pastella:
1 bicchiere d'acqua
80 g di farina
un pizzico di sale

Difficoltà: ♥ ♥

Separate i tuorli dagli albumi e montate questi ultimi a neve ben soda. Mettete da parte i tuorli in una tazza per usarli in seguito. Cuocete il riso nel latte con un pizzico di sale e la scorza del limone. (Se lo avete, potete usare anche del riso bianco che vi è avanzato dal pranzo o dalla cena.) Dopo averlo scolato aggiungeteci lo zucchero, i tuorli e gli albumi. Con questo composto formate tante frittelle.
Preparate la pastella. Mettete la farina e il sale in una ciotola e versatevi a poco a poco l'acqua, mescolando con un cucchiaio di legno perché non si formino grumi. Un unico

accorgimento: l'impasto non deve mai risultare troppo liquido, in tal caso aggiungete altra farina.
Consiglio: se si desidera una pastella che in cottura risulti più croccante potete aggiungere 1 uovo ogni 30 g di farina.
In una padella mettete abbondante olio per la frittura e, quand'è ben caldo, immergetevi le frittelle di riso, dopo averle passate nella pastella.
Quando si saranno gonfiate e dorate, scolatele dall'olio e disponetele ad asciugare su un piatto coperto da un foglio di carta assorbente.
Prima di servirle, spolverizzare con lo zucchero a velo.

Tartufi con avanzi di uova di Pasqua

Ingredienti x 20 tartufi:

1/2 kg di cioccolato (preferibilmente fondente)
250 ml di panna da montare
1 bustina di vanillina
1/2 tazzina di caffè
2 cucchiai di cognac

Per la guarnizione:
150 g di scagliette (o «codette») di cioccolato, oppure di cacao amaro in polvere oppure di cocco o noci o mandorle tritati

Difficoltà: ❤❤

La nostra è una famiglia molto numerosa e a Pasqua la casa si riempie di uova con la scusa che ai ragazzi piace romperne tante. Anche noi grandi, in realtà, andiamo pazzi per il cioccolato. È inutile nasconderlo.
Da quando poi abbiamo scoperto questa ricetta facciamo in modo che il cioccolato delle uova avanzi sempre.

Fate fondere il cioccolato a bagnomaria.
In un pentolino mettete a bollire la panna con la vanillina.
Versate il cioccolato fuso in una ciotola, aggiungetevi la

panna, il caffè, il cognac e mescolate il tutto con una frusta (anche elettrica) fino a ottenere un composto liscio e omogeneo, che farete riposare in frigorifero per circa 2 ore in modo che si solidifichi per bene.

Dopodiché potete divertirvi a fare tante palline di cioccolato e a sistemarle su un vassoio. Prima di servirle in tavola, fate rotolare ogni pallina nella guarnizione che avete scelto, poi disponetele su un piatto da portata e mettetele in frigorifero per altre 2 ore.

Lucia e Stefania

Torta di pane al cacao

Ingredienti x 8 persone

200 g di pane
400 ml di latte
300 ml di olio
100 g di zucchero
200 g di farina
4 cucchiai di cacao amaro in polvere
pinoli (se vi piacciono)

Difficoltà:

Fate scaldare il latte, versatelo sul pane, dopo averlo sminuzzato, e lasciate riposare per 20 minuti mescolando ogni tanto.
Preriscaldate il forno a 180°.
Unite al pane ammollato l'olio, lo zucchero, la farina e il cacao, poi amalgamate fino a ottenere un impasto omogeneo che verserete in una tortiera ricoperta con carta da forno. Cospargete la superficie della torta con i pinoli e infornatela per circa 50 minuti.
Controllate la cottura con uno stecchino: quando uscirà pulito e asciutto, la torta sarà pronta.

Eva e Alice

i cesaroni

Vegetariane si nasce...
Cesaroni si diventa

Noi ci stiamo provando ad adattarci alla cucina di casa Cesaroni. Ma è dura, durissima.

Per esempio, a Cesare e Giulio, lo diciamo che per ogni grigliata ai ferri aumenta la temperatura del pianeta.

È un ragionamento un po' complesso che riguarda gli allevamenti, i polli in batteria, le galline in gabbia, le uova fuorilegge. Ma loro mentre mangiano l'ennesima salsiccia dicono che non si accorgono di nulla, e che è tutta propaganda contro il maiale, quel povero animale che altrimenti non se lo filerebbe nessuno. Però le famose grigliate di Cesare e i panini «co' 'a porchetta» sono talmente buoni che non possiamo resistere e, dopo tutti i nostri bei ragionamenti e bei discorsi sull'ambiente, finiamo per mangiarceli di nascosto. Che amarezza!

Quando, però, è il nostro turno in cucina, il nostro spirito ve-

getariano risorge e ci impegnamo per dare il meglio di noi. Solo che, nonostante tutti i tentativi di spacciare l'insalata di farro per una sorta di pasta e fagioli del nuovo millennio, comunque, nessuno ci dà soddisfazione. Ormai noi siamo diventate famose solo come contorno. Ma, si sa, gli uomini vanno presi per la gola, e anche noi abbiamo il nostro piatto forte: le crêpe con la Nutella! Da quando ci siamo specializzate, li abbiamo conquistati tutti, grandi e piccoli!
Vegetariane si nasce... Cesaroni si diventa! E noi il trucco l'abbiamo imparato.

Pomodori gratinati

Eva e Alice

Ingredienti x 4 persone

4 pomodori grandi e rossi
5 cucchiai di pangrattato
2 cucchiai di prezzemolo tritato
3 filetti di acciughe
1 pugnetto di capperi sotto sale
1 spicchio di aglio
1 cucchiaino di origano
olio extravergine di oliva
sale
pepe

Difficoltà:

Preriscaldate il forno a 180°.

Lavate i pomodori e divideteli a metà, eliminando i semi, poi salateli e lasciateli scolare capovolti per 30 minuti. Intanto amalgamate il pangrattato con il prezzemolo, l'origano, le acciughe, i capperi e l'aglio (il tutto precedentemente tritato), 2 cucchiai di olio, un pizzico di sale e di pepe. L'impasto deve risultare denso, ma non secco (se necessario, aggiungete altro olio).
Farcite i pomodori, disponeteli in una teglia unta e versateci sopra un po' di olio a filo. Fateli gratinare in forno per 15 minuti, finché la panatura risulterà dorata.

Crema di verdure o legumi

Ingredienti x 2 persone

2 zucchine
1 carota
1 costa di sedano
1 patata
2-3 cucchiai d'olio
sale
pepe (se piace)
parmigiano grattugiato (se piace)

Difficoltà: ♥ ♥

Tagliate a pezzetti le verdure e fatele lessare in poca acqua salata per 25 minuti. Poi scolatele, conservando il brodo di cottura, e passatele nel mixer con un po' d'olio, un pizzico di sale e pepe. Spolverate con il parmigiano.
In alternativa alle verdure proposte, si possono usare, a seconda anche della stagione: peperoni, finocchi, sedano, spinaci, funghi, carciofi, porri, fagioli, lenticchie.

Variante meno light

Se volete rendere la crema un po' meno light, nel mixer potete aggiungere 2 cucchiai di panna da cucina.

Pàntrîd màridâa (ovvero «Pangrattato sposato»)

Ingredienti x 4 persone

1 litro di brodo di carne
4 cucchiai di pangrattato
2 uova
2 cucchiai di parmigiano grattugiato

Difficoltà:

Ricetta milanese, per ricordare la città dove siamo nate e che abbiamo sempre nel cuore.

In una zuppiera sbattete le uova con il parmigiano.
Nel frattempo mettete sul fuoco il brodo e, quando raggiunge il bollore, aggiungetevi lentamente il pangrattato e fate proseguire la cottura per 5 minuti.
A questo punto, travasate il brodo nella zuppiera in cui avete messo le uova e il parmigiano e, con l'aiuto di una forchetta, amalgamate bene il tutto per qualche minuto, in modo che la minestra risulti vellutata e priva di grumi.

Spaghetti di soia con verdure

Ingredienti x 4 persone

200 g di spaghetti di soia o di riso
2 cipolle bianche piccole
4 carote
1 peperone rosso
1 peperone giallo
2 zucchine
olio
sale
salsa di soia

Difficoltà: ♥ ♥

Lavate e tagliate a dadini le carote – che avete precedentemente sbucciato –, le zucchine e i peperoni.
Tagliate a fettine sottili le cipolle e fatele imbiondire in una pentola capiente con un po' d'olio. Aggiungetevi le carote e lasciate cuocere per 10 minuti. A questo punto, unite le zucchine, proseguendo la cottura per 5 minuti, e per ultimi i peperoni. Completate la cottura altri 5 minuti, finché anche i peperoni si saranno ammorbiditi. Salate leggermente. Nel frattempo preparate gli spaghetti come indicato sulla confezione (generalmente hanno una cottura molto veloce), poi buttateli nella padella con le verdure, spruzzatevi sopra un po' di salsa di soia, mescolate bene il tutto e servite caldo.

Cuscus con insalata di arance siciliane

Ingredienti x 4 persone

3 tazze di cuscus precotto
3 tazze di acqua
3 arance siciliane
olio
sale
pepe

Difficoltà: ♥♥

In una pentola di medie dimensioni portate a ebollizione le 3 tazze di acqua salata, poi spegnete la fiamma e versatevi dentro le 3 tazze di cuscus, in modo che quest'ultimo sia coperto dal liquido. Coprite la pentola e lasciate riposare per 5 minuti.

Nel frattempo sbucciate le arance, tagliate ogni spicchio in tre piccoli pezzetti e poi condite con olio, sale e pepe.

Mescolate il cuscus in modo che risulti privo di grumi e unitelo al condimento a base di arance in una ciotola. Se risultasse troppo asciutto, aggiungete un po' di olio a piacere.

Insalata Biof

Ingredienti x 4 persone

4 uova
1/2 costa di sedano
4 carote
3 patate
5 cetriolini sott'aceto
sale
pepe
1 tazza di maionese
1 cucchiaio di olive verdi snocciolate
2 cucchiaini di prezzemolo (se vi piace)

Difficoltà: ♥♥

Questa ricetta è una variante della cosiddetta insalata russa senza i piselli.

Lavate, sbucciate e lessate il sedano, le carote e le patate tagliate a dadini. Nel frattempo in un'insalatiera mescolate la maionese con i cetriolini tagliati a pezzettini, salate e pepate. Schiacciate le verdure lessate e amalgamatele al composto. Versate il tutto in una terrina bassa di forma rettangolare.
In un pentolino pieno di acqua (tanta da coprire le uova) fate rassodare le uova per 7 minuti dopo che si è levato il bollore. Guarnite il composto di verdure con le uova sgusciate e tagliate a rondelline, le olive e il prezzemolo e servite.

Insalata di carote saporita

Ingredienti x 4 persone

400 g di carote
20 g di filetti di acciughe
3 o 4 cucchiai di olio
2 cucchiai di aceto
10 g di capperi
prezzemolo (se piace)

Difficoltà: ♥ ♥

Sbucciate le carote e fatele lessare in acqua salata per almeno 20 minuti. Dopo averle scolate e lasciate raffreddare, tagliatele a rondelline. Tritate i capperi con le acciughe, l'olio e l'aceto. Mettete in un'insalatiera le carote e cospargetele con la salsina a base di acciughe. Spolverate con il prezzemolo tritato.

Insalata di farro

Ingredienti x 4 persone

500 g di farro
300 g di pomodorini Pachino
2 mozzarelle fiordilatte (125 g circa l'una)
100 g di mais
1/2 bicchiere di olio
basilico
sale

Difficoltà: ♥ ♥

Lessate il farro in abbondante acqua salata per il tempo indicato sulla confezione (solitamente intorno ai 20 minuti), scolatelo bene e fatelo raffreddare. Poi mettetelo in una terrina, aggiungete i pomodorini, le mozzarelle tagliate a cubetti, il mais, l'olio e le foglie di basilico spezzettate e mescolate bene il tutto. Lasciate riposare almeno 1 ora prima di servire.

Insalata di farro, tonno e verdure

Ingredienti x 4 persone

280 g di farro
200 g di fagiolini
150 g di tonno al naturale
100 g di rucola
100 g di pomodorini Pachino
1 spicchio di aglio
olio
sale

Difficoltà: ♥ ♥

Lessate il farro in abbondante acqua salata per il tempo indicato sulla confezione (solitamente intorno ai 20 minuti), scolatelo e mettetelo in un'insalatiera. Quindi conditelo con un po' d'olio e lasciatelo raffreddare.
Nel frattempo lessate i fagiolini, scolateli, fateli raffreddare e tagliateli a dadini. Scolate il tonno e sminuzzatelo. Pulite e lavate la rucola, lavate e tagliate i pomodorini, conditeli con uno spicchio d'aglio intero, che dopo toglierete, e un pizzico di sale, poi lasciateli riposare una decina di minuti.
Mescolate il farro con la rucola, i fagiolini, il tonno e i pomodorini (dopo aver tolto l'aglio), regolate di sale e olio e mettete in frigorifero almeno 1 ora.

Insalata di grano e basilico

Ingredienti x 4 persone

125 g di fagiolini
200 g di grano
2 pomodori
basilico
1 pugnetto di capperi
40 g di olive (verdi o nere)
100 g di mais
2-3 cucchiai di olio
sale

Difficoltà: ♥♥

Pulite, lessate e tagliate i fagiolini a dadini. Portate a ebollizione una pentola d'acqua salata e fate cuocere il grano per il tempo indicato sulla confezione (di solito intorno ai 18-20 minuti). Una volta scolato, fatelo raffreddare su un vassoio. Nel frattempo pulite e tagliate i pomodori, poi lavate e frullate il basilico con i capperi, le olive e l'olio fino a ottenere una cremina. Amalgamate il grano con i pomodori, i fagiolini, il mais e condite il tutto con la cremina. Aggiustate di sale e, se necessario, aggiungete un po' di olio. Servite l'insalata fredda.

Insalata di grano, verdure e gamberetti

Ingredienti x 4 persone

300 g di grano
400 g di gamberetti freschi (se usate quelli surgelati, il peso è da intendersi per il prodotto scongelato)
2 carote
2 zucchine
1 peperone
1 pomodoro
erba cipollina (se piace)
1 spicchio di aglio
brandy
olio
sale
pepe

Difficoltà: ♥♥

In abbondante acqua salata fate cuocere il grano per il tempo indicato sulla confezione, scolatelo e lasciatelo raffreddare. Intanto lavate e tagliate le verdure. In un tegame fate soffriggere l'aglio con un po' di olio, unitevi le verdure e lasciatele rosolare per circa 10 minuti. Sgusciate i gamberetti (se usate quelli surgelati questo passaggio non è necessario) e lessateli in acqua calda, poi scolateli e fateli rosolare in una padella spruzzandoli con un po' di brandy. In un'insalatiera unite il grano, le verdure e i gamberetti, aggiustate di sale e pepe e, se vi piace, decorate con l'erba cipollina.

Insalata di pollo con ananas

Ingredienti x 4 persone

1 pollo lesso
1 ananas
1 mela
250 g di sedano
1 limone
maionese
zucchero

Difficoltà: ♥♥

Pur sapendo che questa ricetta potrebbe sembrare un tradimento verso la nostra anima vegetariana... quando sappiamo di dover fare bella figura con i nostri amici siamo costrette a cedere – un po' come vi abbiamo detto all'inizio in merito alla porchetta di Cesare – alla tentazione della ciccia!!

Tagliate la mela a rondelle, senza sbucciarla, pulite l'ananas e tagliatelo prima a fette e poi a cubetti, grattugiate il sedano alla julienne e mettete il tutto in un'insalatiera, aggiungendo il succo di un limone e una spolverata di zucchero. Lasciate macerare per 15 minuti. Togliete la pelle al pollo, disossatelo e tagliatene la carne a striscioline. Mescolatela con il composto che avete messo nell'insalatiera, aggiungete un po' di maionese e mettete in frigorifero per 1 ora.

Insalata greca

Ingredienti x 2 persone

2 cetrioli
1 cipolla
200 g di feta
150 g di olive nere snocciolate
3 pomodori
1 peperone verde
aceto
olio
sale

Difficoltà: ♥♥

Lavate, sbucciate e tagliate i cetrioli e la cipolla a rondelle, affettate pomodori e peperoni, poi disponete il tutto in un'insalatiera. Aggiungete le olive e condite con olio, sale e aceto a piacere.
Dopo aver lasciato riposare l'insalata per qualche minuto, in modo che il condimento si maceri bene, unite la feta tagliata a cubetti e servite.

Insalatina con salmone affumicato in salsa di pepe rosa

Eva e Alice

Ingredienti x 4 persone

300 g di salmone affumicato
6 nocciole
1 cespo di insalata iceberg
100 g di mais
2 zucchine
2 finocchi
200 ml di panna da cucina
2 cucchiai di whisky
2 cucchiai di olio
sale
1 cucchiaino di pepe rosa

Difficoltà: ♥ ♥

Lavate e affettate a julienne le zucchine e i finocchi. Pulite l'insalata e sminuzzatela. In una ciotola preparate una salsina mescolando molto bene la panna, il whisky, un pizzico di sale, un cucchiaino di pepe rosa tritato e due cucchiai di olio. In un'insalatiera sistemate le verdure e l'insalata, aggiungete il salmone tagliato a listarelle, le nocciole tagliate a metà e il mais; infine condite il tutto con la salsina.

Rösti di patate e cipolle

Ingredienti x 4 persone

2 patate
1 cipolla bionda
1 cucchiaio di parmigiano grattugiato
1 cucchiaio di olio extravergine di oliva
sale
rosmarino
pepe (a piacere)

Difficoltà: ♥ ♥

Lavate, sbucciate e grattugiate le patate, poi unitevi la cipolla, dopo averla sbucciata e tagliata a fettine sottili. Mescolate bene e regolate di sale e, a piacere, anche di pepe, aggiungete il parmigiano, un filo d'olio e il rosmarino.
Scaldate bene una padella antiaderente. Versatevi il composto appiattendolo con l'aiuto di una paletta di legno.
Fate cuocere a fuoco vivace per 5 minuti poi, aiutandovi con un piatto (o con un coperchio), voltate il rösti e proseguite la cottura per altri 5 minuti.
Questo piatto va servito ben caldo, dopo averlo tagliato in 4 spicchi.

Filetti di pesce con crosta di patate julienne

Eva e Alice

Ingredienti x 4 persone

4 filetti di sogliola o spigola
4 patate
olio
pangrattato

Difficoltà: ♥ ♥

Preriscaldate il forno a 200°.

Dopo aver lavato e sbucciato le patate, tagliatele alla julienne con l'apposita grattugia.

In una teglia ben oliata disponete un letto di patate, adagiateci sopra i filetti di sogliola o spigola e coprite con un altro strato di patate.

Condite con un filo d'olio e una spolverata di pangrattato, poi mettete in forno per 15 minuti. La superficie deve risultare dorata e croccante e il pesce dev'essere cotto, ma non secco.

Missoltitt alla griglia

Ingredienti x 4 persone

16 agoni essiccati
2 cucchiai di prezzemolo tritato
olio extravergine di oliva
aceto

Difficoltà: ♥♥

Ricetta lombarda, per ricordare la regione dove siamo nate e che abbiamo sempre nel cuore.
Una curiosità: i missoltitt sono gli agoni pescati nel lago di Como che vengono prima salati e infilati in lunghi fili, poi appesi e lasciati essiccare al sole.

In una ciotolina preparate una salsina amalgamando abbondante olio extravergine di oliva con una spruzzata di aceto e il prezzemolo tritato.
Su una bistecchiera ben calda disponete gli agoni e fateli cuocere irrorandoli con la salsa. Poi girateli e fateli cuocere sull'altro lato, sempre bagnandoli con la salsa.
Quando saranno cotti, serviteli ben caldi, aggiungendo il sughetto che si sarà formato sulla bistecchiera.

Polpettine light di tonno e ricotta

Ingredienti x 4 persone

400 g di ricotta
400 g di tonno sott'olio (ben sgocciolato)
50 g di parmigiano grattugiato
olio

Difficoltà: ♥ ♥

In una terrina amalgamate il tonno con la ricotta, aggiungete il parmigiano e continuate a mescolare.
Preriscaldate il forno a 150°.
Con l'impasto formate delle polpettine, disponetele in una teglia con un filo di olio e cuocetele per 10 minuti.
Potete mangiarle anche fredde.

Uova in cereghîn (al tegamino con burro)

Ingredienti x 4 persone

8 uova
80 g di burro
sale

Difficoltà: ♥ ♥

Un'altra ricetta lombarda, ma la regione dove si è nate non si dimentica.

In un tegamino fate soffriggere il burro, rompete le uova in modo che il tuorlo si mantenga integro e compatto. Le uova saranno cotte appena gli albumi si saranno solidificati.
Una volta pronte salatele a piacere e servitele ben calde.

Purè di melanzane

Eva e Alice

Ingredienti x 4 persone

500 g di melanzane
1 vasetto di yogurt bianco al naturale (125 g)
1/2 limone
1 spicchio di aglio (se vi piace)
prezzemolo tritato (per guarnire)
1 foglia di menta
sale

Difficoltà: ♥ ♥

Con Marco, Walter e Rudi (sono loro in realtà i bambinoni di casa, altro che Mimmo e Matilde!) dobbiamo mascherare le verdure (soprattutto il loro sapore), e il modo migliore per farlo è ricorrere al «vecchio» purè, come faceva la nostra mamma.
Veramente qualche volta Lucia e Stefania sono ancora costrette a usare questi trucchetti con quei due «trogloditi» (come li chiamano loro) di Giulio ed Ezio!

Lavate, sbucciate e tagliate a dadini le melanzane e fatele lessare per 15 minuti in acqua con il succo di mezzo limone. Scolatele e schiacciatele con la forchetta in una zuppiera. Aggiungete lo yogurt, l'aglio e la foglia di menta tritati. Amalgamate il tutto, salate e guarnite col prezzemolo tritato.

Crêpe con la Nutella

Ingredienti x 6 persone

3 uova
125 g di farina
1/4 di litro di latte
burro
zucchero a velo
Nutella (barattolo da 750 g)

Difficoltà: ♥ ♥

In una ciotola dai bordi alti sbattete le uova, la farina e il latte fino a ottenere una pastella semiliquida omogenea e senza grumi.

In una padella antiaderente del diametro di circa 24 cm fate sciogliere un cucchiaino di burro a fuoco alto. Versatevi un mestolo colmo di pastella e distribuitela velocemente sulla superficie della padella in modo da ottenere una frittatina sottilissima che cuocerà rapidamente. Di tanto in tanto scuotete leggermente la padella così che la crêpe non si attacchi. Con un piatto o un coperchio girate la crêpe e fatela cuocere anche dall'altra parte.

Dopodiché fatela scivolare su un altro piatto. Spalmate la Nutella su metà crêpe, poi piegatela in due e spalmate la superficie con altra Nutella, quindi richiudetela in modo da ottenere un quarto di cerchio.

Ripetete l'operazione, finché non avrete esaurito la pastella. Se vi piace, potete spolverizzare le crêpe con zucchero a velo.

Marco e Walter

i cesaroni

Single?
Purché se magna!

Il nostro grido di battaglia è «Butta la pasta!»
Da quando abbiamo scoperto che nei primi piatti ci si può mettere tutto e il contrario di tutto, ci siamo specializzati: usare diversi tipi di cacio (anche il Philadelphia, perché no), diversi tipi di pepe. L'olio, però, deve essere sempre e solo quello buono.

Ovviamente, al bisogno, si può usare anche quello delle scatolette di tonno... No, stiamo scherzando. Anche perché il tonno ce lo siamo fatto fuori appena tornati a casa prima di cena, per ingannare l'attesa. Il segreto è proprio questo: mangiare mentre si cucina. Per capire a che punto è la pasta, se il peperoncino pizzica davvero, se l'aglio fa il lavoro suo, e se il parmigiano fonde come deve.

L'importante è che, alla fine, lo stomaco non si lamenti, ma anzi ringrazi. Perché anche le cose buone vanno digerite e di solito ci si mette sempre un po'. Proprio come con le ragazze, in fondo. Solo che loro devi cuocerle a fuoco lento. Ed è risaputo che noi uomini siamo molto impazienti e di conseguenza tendiamo a saltare i corteggiamenti e i preliminari... Ogni tanto, piuttosto, le preferiremmo cucinate come piace a noi. Al dente.

Bucatini all'amatriciana (o rigatoni alla gricia)

Marco e Walter

Ingredienti x 4 persone

400 g di bucatini (rigatoni per la gricia)
100 g di guanciale o pancetta affumicata
40 g di pancetta tesa
6 pomodori da sugo (no per la gricia)
pecorino romano grattugiato
sale
pepe
1/2 cipolla
olio
1/4 di bicchiere di vino bianco

Difficoltà: ❤❤❤

La gricia altro non è che l'amatriciana in bianco (con i rigatoni al posto dei bucatini), perciò, per realizzarla, basta eliminare i pomodori dagli ingredienti e dal procedimento. Ovviamente, non dovendo preparare il sugo, i tempi di cottura sono nettamente ridotti a 10 minuti, il necessario per far rosolare il condimento. Nella fase della mantecatura, la pasta potrebbe richiedere l'aggiunta di altro olio.

Tagliate a fettine mezza cipolla e a cubetti sia il guanciale sia la pancetta tesa. Lavate e affettate i pomodori.
In un tegame mettete un po' d'olio e la cipolla. Quando sarà imbiondita, unitevi il guanciale e la pancetta, facendoli rosolare leggermente; poi versatevi 1/4 di bicchiere di vino bianco e lasciatelo evaporare; aggiungete quindi i pomodori e un pizzico di sale e di pepe. Mescolate il tutto bene e spesso con un cucchiaio di legno che poi posizionerete tra il bordo del tegame e il coperchio, in modo da consentire la fuoriuscita del vapore durante la cottura (circa 30 minuti).
Portate a ebollizione l'acqua salata per la pasta e buttateci i bucatini (o i rigatoni).
Una volta scolata la pasta, amalgamatela al sugo aggiungendo il pecorino a volontà.

Farfalle tricolore o alla checca

Marco e Walter

Ingredienti x 4 persone

400 g di farfalle
200 g di mozzarella
100 g di caciotta romana dolce
4 pomodori maturi
basilico
olio
sale
pepe

Difficoltà: ♥ ♥

Tagliate a dadini la mozzarella, la caciotta romana e i pomodori e mettete il tutto in una zuppiera, aggiungendovi un po' di olio, basilico e un pizzico di sale e pepe.
Portate a ebollizione l'acqua salata per la pasta e buttateci le farfalle.
Mettete la zuppiera sulla pentola della pasta al posto del coperchio in modo che la mozzarella e la caciotta romana si fondano leggermente.
Una volta scolata la pasta, versatela nella zuppiera con il condimento e mescolate bene.

Fettuccine ai funghi porcini

Ingredienti x 6 persone

600 g di fettuccine all'uovo fresche
6 funghi porcini grossi (se usate quelli surgelati ve ne serviranno 500 g)
1 bicchiere di olio extravergine d'oliva
3 spicchi di aglio
100 g di pecorino grattugiato
1 ciuffo di prezzemolo tritato (se vi piace)
sale
pepe

Difficoltà: ♥♥

Lavate e pulite i funghi tagliandoli a dadoni (se usate quelli surgelati, scongelateli per tempo ed, eventualmente, tagliateli se dovessero essere in pezzi molto grossi).
Tritate finemente l'aglio e fatelo soffriggere in una padella con l'olio, aggiungete i funghi e lasciateli trifolare per circa 30 minuti, unendo acqua calda quando necessario (per quelli surgelati bastano 20 minuti circa).
Nel frattempo portate a ebollizione l'acqua salata e fate cuocere le fettuccine (la pasta fresca non richiede mai più di 5 minuti).
Dopo averle scolate, mescolatele con i funghi in padella. Cospargetele di parmigiano, pepe e prezzemolo tritato.

Fettuccine alla papalina

Marco e Walter

Ingredienti x 4 persone

400 g di fettuccine
100 g di prosciutto crudo in una fetta unica
100 g di burro
50 g di panna da cucina
1 cipolla
125 g di piselli in scatola o surgelati (il peso è da intendersi per il prodotto sgocciolato-scongelato)
100 g di parmigiano
2 uova
sale
pepe

Difficoltà:

Tagliate a fettine il prosciutto e la cipolla. Poi sbattete le uova con un pizzico di sale.

Nel frattempo, portate a ebollizione l'acqua salata per la pasta e buttateci le fettuccine, controllando sulla confezione i minuti di cottura per avere il tempo di ultimare il sugo.

In un tegame fate sciogliere il burro, aggiungetevi la cipolla, il prosciutto, i piselli sgocciolati (o lessati se sono surgelati) e le uova sbattute, unite il parmigiano e

regolate di sale e pepe. Amalgamate il tutto con la panna.
Una volta scolata la pasta, mescolatela con il sugo nel tegame.

Walter: Be', che dire... morto un papa, famose du' fettuccine!

Fusilli con il tonno

Marco e Walter

Ingredienti x 4 persone

400 g di fusilli
240 g di tonno sott'olio
4 cucchiai d'olio
sale
peperoncino (se vi piace)

Difficoltà: ♥♥

Portate a ebollizione l'acqua salata per la pasta e buttateci i fusilli.
In una padella fate riscaldare l'olio, aggiungetevi il tonno sminuzzato e lasciatelo insaporire con una punta di peperoncino a fuoco molto basso.
Scolate i fusilli e fateli saltare in padella con il sugo. Se dovessero risultare troppo asciutti, aggiungetevi qualche cucchiaiata dell'acqua di cottura della pasta o un filo di olio extravergine di oliva.

Variante al sugo rosso

1 barattolo di passata di pomodoro

In una padella capiente mettete un filo di olio, la passata di pomodoro e il tonno sgocciolato e lasciate cuocere a fiamma moderata; aggiustate di sale e aggiungete un pizzico di peperoncino. Mentre preparate il sugo (che richiede circa 10 minuti), cuocete la pasta.
Una volta scolati i fusilli, mescolateli con il sugo.

Maccheroni con la ricotta

Ingredienti x 4 persone

400 g di maccheroni
300 g di ricotta
parmigiano grattugiato
pepe

Difficoltà:

Portate a ebollizione l'acqua salata per la pasta e buttateci i maccheroni.
In una zuppiera stemperate la ricotta con un po' dell'acqua di cottura della pasta.
Una volta scolati i maccheroni, versateli nella zuppiera e mescolateli con la ricotta.
Cospargeteli di parmigiano e pepe a piacimento.

Variante alla salsiccia

150 g di salsiccia

Dopo aver fatto rosolare la salsiccia a pezzetti in padella, unitela alla ricotta nella zuppiera. Poi aggiungete la pasta, come sopra.

Mezze maniche con i peperoni

Marco e Walter

Ingredienti x 4 persone

400 g di mezze maniche
2 peperoni gialli
200 ml di panna da cucina
1 cucchiaino colmo di burro
80 g parmigiano
olio extravergine d'oliva
1 cipolla bianca piccola
sale

Difficoltà: ❤❤❤

Pulite i peperoni dai semi interni, lavateli e tagliateli a dadini. Affettate la cipolla e fatela rosolare in una padella con un po' di olio. Unitevi i peperoni e lasciateli cuocere finché non risulteranno «appassiti» (se necessario, durante la cottura aggiungete un po' di acqua di tanto in tanto per evitare che si attacchino). Tolti dal fuoco, passateli nel passaverdure cercando di eliminare la pellicina superficiale.
In una terrina versate la panna, il trito di peperoni e il burro. Mescolate fino a ottenere un composto omogeneo.
Portate a ebollizione l'acqua salata per la pasta e buttateci le mezze maniche. Quando saranno cotte, versatele nella terrina e mescolatele al sugo. Cospargetele di parmigiano e servite.

Orecchiette con le cime di rapa

Ingredienti x 4 persone

400 g di orecchiette
400 g di cime di rapa
50 g di pecorino grattugiato
4 cucchiai di parmigiano grattugiato
1 cucchiaino di peperoncino piccante
1 spicchio di aglio
2 filetti di acciuga
sale
pepe
olio extravergine d'oliva

Difficoltà:

Pulite, lavate e sbollentate le cime di rapa in una pentola d'acqua per 10 minuti. Estraetele con l'aiuto di un mestolo forato senza buttare l'acqua di cottura, che utilizzerete poi per cuocervi la pasta. In una padella, con un filo d'olio fate soffriggere l'aglio, le acciughe e il peperoncino, unitevi le cime di rapa, salate, pepate e lasciate cuocere a fuoco vivo per qualche minuto in modo che la verdura si insaporisca. Riportate a bollore l'acqua di cottura delle cime di rapa, salatela e fate cuocere le orecchiette. Quando saranno pronte, fatele saltare in padella con la verdura.
Prima di servirle, cospargetele di parmigiano e pecorino.

Penne all'arrabbiata

Marco e Walter

Ingredienti x 4 persone

400 g di penne
500 g di pomodori maturi o pelati
2 spicchi di aglio
4 cucchiai di olio
2 peperoncini piccanti interi
prezzemolo (a piacere)
sale

Difficoltà: ❤ ❤

Adesso che abbiamo questo posto nuovo dove passiamo il nostro tempo libero e possiamo dedicarci ai nostri hobby, è diventato un appuntamento fisso la sfida a freccette. E chi perde cucina.
Marco: E siccome tu sei un rosicone, quando ti straccio fai le penne all'arrabbiata... Eccome se so' arrabbiate!
Walter: E che, non lo sai?! Chi non risica non rosica.

In un tegame mettete l'olio e l'aglio tagliato a pezzettini non troppo fini, aggiungete abbondante peperoncino spezzettato e i pomodori, salate e fate cuocere per 30 minuti.
Portate a ebollizione l'acqua salata per la pasta e buttateci le penne. A cottura ultimata, scolatele e versatele nel sugo ben caldo. Servite cospargendo con prezzemolo fresco.

Rigatoni (o spaghetti) alla carbonara

Ingredienti x 4 persone

400 g di rigatoni o spaghetti
120 g di guanciale o pancetta
3 uova
sale
pepe
olio extravergine d'oliva
cipolla
100 g di pecorino romano grattugiato

Difficoltà: ♥ ♥

Tagliate il guanciale o la pancetta a dadini. In una fondina sbattete le uova e aggiungetevi il sale, il pepe e un po' di pecorino grattugiato.
Portate a ebollizione l'acqua salata per la pasta e buttateci i rigatoni. Nel frattempo, tagliate la cipolla a fettine sottili e, poco prima di scolare la pasta, mettetela in un tegame con un po' di olio e fatela imbiondire; dopodiché aggiungetevi il guanciale (o la pancetta) e lasciate rosolare. Scolate la pasta, versatela nel tegame, unitevi SUBITO le uova sbattute e amalgamate il tutto velocemente. Servite i rigatoni ben caldi, cospargendoli con un po' di pecorino grattugiato.

Risi e bisi

Marco e Walter

Ingredienti x 4 persone

400 g di piselli in scatola o surgelati (se usate quelli surgelati il peso è da intendersi per il prodotto sgocciolato-scongelato)
300 g di riso
1 litro di brodo
50 g di burro
50 g di pancetta
1/2 cipolla bianca
2 cucchiai di olio extravergine d'oliva
prezzemolo (se vi piace)
parmigiano grattugiato
sale

Difficoltà: ♥♥♥

In un tegame dal fondo spesso e dai bordi alti fate soffriggere 20 g di burro, l'olio, la pancetta, la cipolla e il prezzemolo precedentemente tritati.

Aggiungete poi i piselli sgocciolati e lasciate proseguire la cottura a fuoco basso per 10 minuti, unitevi il brodo bollente e fate sobbollire.

A questo punto, versate il riso e lasciatelo cuocere per circa 15-20 minuti (controllate i tempi di cottura sulla confezione e, comunque, assaggiate per sicurezza) mescolandolo di tanto in tanto con un cucchiaio di legno.

Questo piatto deve risultare una specie di minestra densa,

perciò se, quando il riso sarà cotto, vi sembrerà troppo brodoso lasciatelo cuocere ancora per qualche minuto a fuoco vivace in modo che si addensi.
Prima di servire il riso in tavola, aggiungetevi il burro che è avanzato, il parmigiano e, se necessario, un pizzico di sale, e mantecate bene il tutto.

Spaghetti aglio, olio e peperoncino

Marco e Walter

Ingredienti x 4 persone

400 g di spaghetti
4 spicchi di aglio
olio
sale
peperoncino rosso
prezzemolo (se vi piace)

Difficoltà: ♥

Portate a ebollizione l'acqua salata per la pasta e buttateci gli spaghetti, controllando sulla confezione il tempo di cottura in modo da poter preparare con calma il sugo. All'incirca 5 minuti prima di scolare la pasta mettete a scaldare in un tegame l'olio, l'aglio e il peperoncino. Scolate gli spaghetti e versateli nel tegame con il condimento, mescolateli bene e, se vi piace, guarniteli con il prezzemolo.

Spaghetti alla puttanesca

Ingredienti x 4 persone

400 g di spaghetti
500 g di salsa di pomodoro o di pomodori pelati
150 g di olive nere snocciolate
1 manciata di capperi
5 filetti di acciughe
2 spicchi di aglio
1 peperoncino rosso
sale
olio extravergine d'oliva
1 ciuffetto di prezzemolo (se vi piace)

Difficoltà: ♥ ♥

In una padella con un po' di olio fate soffriggere l'aglio, toglietelo e aggiungete i capperi, le olive, i filetti d'acciuga tritati, la salsa di pomodoro e il peperoncino. Salate e cuocete a fuoco medio per 15 minuti. Portate a ebollizione l'acqua salata e buttateci gli spaghetti. Scolateli ancora un po' al dente e passateli in padella con il sugo. Prima di servirli cospargeteli di prezzemolo tritato, se vi piace.

Walter: Facciamo un brindisi alla pasta alla puttanesca?!
Facile facile: Che chiunque ce prova ce riesca.

Spaghetti cacio e pepe

Marco e Walter

Ingredienti x 4 persone

400 g di spaghetti
200 g di pecorino romano grattugiato
1 noce di burro
sale
pepe

Difficoltà:

Portate a ebollizione l'acqua salata per la pasta e buttateci gli spaghetti.
Quando sono cotti, scolateli ma non proprio del tutto, aggiungete la noce di burro, abbondante pecorino e pepe. Mescolate molto bene prima di servire.

Sucameli (ovvero «Succhiamiele»)

Ingredienti x 4 persone

400 g di maccheroni
3/4 di litro di latte (750 ml)
4 cucchiai di miele
sale

Difficoltà: ❤ ❤

In una pentola portate a ebollizione il latte con due cucchiai di miele e un pizzico di sale, aggiungetevi i maccheroni e cuoceteli per il tempo indicato sulla confezione, mescolando di tanto in tanto per evitare che si attacchino sul fondo.

Serviteli dopo aver fatto colare su ogni piatto mezzo cucchiaio di miele.

Tortellini con burro e parmigiano

Ingredienti x 4 persone

400 g di tortellini alla carne (se li preferite, potete scegliere anche i ravioli alla ricotta e spinaci)
50 g di burro (all'incirca 1 cucchiaio a piatto)
50 g di parmigiano grattugiato
qualche foglia di salvia
sale

Difficoltà:

Mentre l'acqua salata giunge a ebollizione, sistemateci sopra a mo' di coperchio la zuppiera in cui avrete messo il burro, in modo che si sciolga lentamente. Quindi, al momento del bollore, togliete la zuppiera e buttate i tortellini (o i ravioli).

A cottura ultimata, scolateli e versateli nella zuppiera con il burro, cospargendoli di parmigiano grattugiato.

Serviteli guarnendo i piatti con qualche foglia di salvia.

Rudi, Budino e Lorenzo

i cesaroni

Merenda multistrato

Chi l'ha detto che le merende non possono stare in un libro di ricette? E che non si possono inventare piatti originali a partire dagli spuntini tradizionali, tipo i maritozzi? Si potrebbero fare esperimenti scientifici che ci renderebbero famosi. Un pomeriggio, per esempio, abbiamo organizzato una sfida a Tekken 5, e Budino si è inventato il Maritozzo Turbo, che è una specie di rinforzo dopo le fatiche degli scherzi fatti a scuola. Un premio. Quando sei capace di mescolare dolce e salato, vuol dire che sei un cuoco nato.

Nel maritozzo e nel pane in generale noi ci ficchiamo tutto quello che troviamo nel frigorifero. La regola è sporcare meno posate, piatti e pentole possibile per non lasciare tracce compromettenti. Tutto quello che è molle e spalmabile può stare in un panino. Il primo morso è decisivo. Se il mascarpone mischiato alla Nutella «straborda» vuol dire che le dosi sono quelle giuste. Anche perché se le molliche di pane si possono lanciare e te le puoi mangiare comunque, vuol dire che il pane è quello giusto. Il nostro motto in cucina è che meno fatichi più mangi. Tutto quello che si può trasportare in cameretta è più buono. È più comodo, soprattutto se non devi accendere niente, tranne la PlayStation o la tivù!

Ah, già, volete sapere la ricetta del Maritozzo Turbo? Non la sappiamo, perché ce lo siamo appena mangiato. Ma, tranquilli, tanto ogni giorno ne inventiamo una.

Ingredienti x 2 studenti affamati

Baguette con brie e prosciutto di montagna

Rudi, Budino e Lorenzo

1 baguette
1 grosso spicchio di brie
200 g di prosciutto crudo di montagna salato

Difficoltà: ♥

Spaccate la baguette in due parti in senso orizzontale, poi tagliate ciascuna parte a metà per il lungo.
Affettate il formaggio togliendo la carta che lo riveste, ma lasciateci la buccia.
Disponete sulla parte inferiore della baguette numerose fette di brie e prosciutto (quello salato di montagna, preferibilmente tagliato spesso, è il migliore, io riesco sempre a farmene portare un po' da papà dalla bottiglieria!). Poi chiudete con la parte superiore e… buon appetito!

Barchettine con spinaci e mozzarella

Ingredienti x 3 persone

1 pacco di cracker a forma di barchettine (se non trovate le barchettine, va bene qualsiasi forma possa contenere una farcitura)
200 g di spinaci (già lessati da mamma, o nonna o sorelle varie)
125 g di mozzarella fiordilatte
olio extravergine di oliva
sale

Difficoltà: ♥

Quando quelle due rompiscatole di Eva e Alice approfittano del loro turno in cucina per propinarci tutta quella roba genuina che dicono fa bene perché depura, io metto sempre il mio piatto da parte perché ho fatto questa scoperta.
Quelle foglie verdi di cui si strafoga Braccio di Ferro non sono poi così male se, dopo averle tagliate (ovviamente già lessate da qualcun altro), le mescolate con la mozzarella tagliata a dadini, le condite con un filo di olio e un po' di sale e ci riempite più che potete i cracker a forma di barchettina che Lucia tiene come scorta.

Ciabatta con salsiccia e mozzarella

Ingredienti x un amante di sandwich

1 foglia di lattuga
1/2 pomodoro
3 fette di mozzarella fiordilatte
1 salsiccia oppure 2 fette di pancetta
maionese
olio extravergine di oliva
1 ciabatta
sale

Difficoltà: ♥♥

Se non è avanzata nessuna salsiccia o pancetta dal barbecue di zio Cesare, tocca rovistare il frigorifero, trovare una salsiccia, spaccarla in due e farla abbrustolire sulla piastra. (Il procedimento per la pancetta è lo stesso, ma senza bisogno di aprirla in due.) Nel frattempo lavate e tagliate a fettine il 1/2 pomodoro e affettate la mozzarella.
Tagliate la ciabatta in due in senso orizzontale, spalmateci maionese in abbondanza su entrambe le metà, poi sulla parte inferiore mettete prima la foglia di lattuga, poi le fette di pomodoro e mozzarella e date una spruzzata di olio e sale, aggiungete la salsiccia e condite ancora. Richiudete la ciabatta e godetevela davanti alla tivù.

Hot dog

1 panino per hot dog
1 würstel
maionese
ketchup

Difficoltà: ♥

Aprite il panino in senso orizzontale e spalmate su entrambe le metà la maionese. Adesso aprite il würstel e fatelo abbrustolire in padella per un paio di minuti, poi mettetelo nel panino, versandoci sopra ketchup a volontà. Quindi addentate con gusto.

Maritozzo dolce-salato

Rudi, Budino e Lorenzo

3 maritozzi
6 formaggini
12 fette di salame Milano (o 6 di prosciutto cotto)

Difficoltà: ♥

Di solito, quando Gabriella ci porta il vassoio dei maritozzi fatti con le sue belle manone d'oro, senza farmi vedere ne rubo 3 o 4 da tenere di scorta per il campionato (abbiamo sempre fame mentre guardiamo la «magica») o per le infinite e stancanti sfide alla PlayStation. Eh, sì, perché i maritozzi fatti da nonna sono imbattibili.
Però, se non abbiamo la solita scorta, ecco che rientrando da scuola passiamo dalla nostra amica pasticciera, che ci lascia sempre qualche maritozzo vuoto da parte.
Voi li avete mai provati come li faccio io?!... Mi sta già venendo l'acquolina in bocca... Che bella accoppiata l'involucro dolce e la farcitura salata!

Allora, spaccate ogni maritozzo a metà, spalmateci dentro i 2 formaggini in modo da farli «strabordare» per bene, farciteli con almeno 4 fette di salame Milano (2 se preferite il prosciutto cotto), chiudete e dateci un potente morso!

Michetta con hamburger

Ingredienti x 1 persona

1 hamburger
4 pomodorini secchi sott'olio
2 sottilette
maionese
1 foglia di lattuga
olio extravergine di oliva
sale
1 michetta (o rosetta, per i non milanesi)

Difficoltà: ♥♥

Fate cuocere l'hamburger sulla piastra.

Nel frattempo dividete in due la michetta in senso orizzontale e spalmate la maionese in abbondanza su entrambe le metà.

Mettete la foglia di lattuga, una sottiletta e due pomodori sulla parte inferiore del pane, condite con un filo di olio e un pizzico di sale, poi aggiungeteci l'hamburger e condite ancora. Sopra la carne disponete, quindi, la seconda sottiletta, i due pomodorini rimanenti e chiudete con l'altra metà della michetta.

Pagnotta casereccia con varie farciture

Rudi, Budino e Lorenzo

4 fette di pagnotta casereccia
50 g di burro
4 cucchiai di zucchero

Difficoltà: ♥

Questa ricetta, se così si può chiamare, è vecchia quanto il mondo, ma rimane sempre la migliore. Sfido chiunque ad avere una nonna che non gliel'ha mai preparata per la classica merenda pomeridiana!

Cercate in casa la pagnotta comprata fresca di giornata e tagliatene 4 fette alte almeno un dito. Poi spalmatele con abbondante burro e spolverizzate ogni fetta con almeno un cucchiaio di zucchero.

Variante

Ovviamente al posto dello zucchero ci sta sempre bene una bella «spalmata» di marmellata!!!

♥ *Gli ingredienti sono sempre per 4 golosoni e la difficoltà della ricetta è sempre facilissima.*

Ingredienti x 2 persone

Nutella e mascarpone

4 fette di pagnotta casereccia
8 cucchiai di Nutella
4 cucchiai di mascarpone (a piacere)

Difficoltà: ♥

È vero che il classico «pane e Nutella» non lo rifiuta mai nessuno ed è decisamente difficile, se non impossibile, da battere, ma avete mai provato ad appesantire il tutto con una bella cucchiaiata di mascarpone?

Prendete ciascuna fetta di pane casereccio (sempre tagliata alta almeno un dito) e tagliatela in due parti. Affogate una parte di Nutella e sull'altra spalmateci un cucchiaio colmo di mascarpone, unite le due metà e… azzannate!

Frittata

Ingredienti x 4 persone

Rudi, Budino e Lorenzo

8 fette di pagnotta casereccia
4 uova
un cucchiaio di olio extravergine di oliva
un pizzico di sale

Difficoltà: ♥

Le frittate di solito sono la cosa che si cucina di più in casa e che spesso avanza... Se così non fosse, è comunque una delle cose più facili da fare, non a caso è anche una delle prime che impariamo noi maschietti.
In una ciotolina sbattete le uova aggiungendoci un pizzico di sale. Mettete una padella antiaderente con l'olio su un fuoco medio, versateci le uova sbattute e lasciate cuocere per 3 minuti circa. Con l'aiuto di un piatto (del diametro della padella) o con un coperchio rivoltate la frittata e fatela cuocere dall'altra parte per altri 3 minuti.
Una volta cotta lasciatela scivolare su un piatto e tagliatela in 4 spicchi. Fate raffreddare.
Nel frattempo, tagliate 8 fette di pane casereccio (questa volta non molto alte) e disponete gli spicchi di frittata su 4 fette che poi chiuderete con le altre 4.

Ingredienti x 3 giocatori della PlayStation

Pan brioche multistrato

3 tuorli di uovo
500 g di farina
25 g di lievito di birra (1 cubetto)
2 cucchiai di acqua calda
50 g di zucchero
250 ml di latte
70 ml di olio extravergine di oliva
1 pizzico di sale

Difficoltà: ♥ ♥ ♥

Ci sono dei pomeriggi che noi ragazzi dedichiamo interamente ai tornei alla PlayStation, e allora non c'è tempo di fare pause e prepararsi abbondanti panini; così, appena tornati da scuola, ci appropriamo subito della cucina e ci prepariamo un bel pan brioche multistrato (ogni strato ha un gusto diverso). Vi assicuro che dopo aver addentato il primo boccone, non ne rimane più neanche una briciola nel piatto…

Ovviamente il pan brioche non lo facciamo noi! Se hanno tempo ce lo preparano o Gabriella o Lucia, oppure ce lo comprano già pronto da tagliare e farcire. Comunque, nel caso vi servisse, mi sono fatto dare la ricetta!

Su un piano da lavoro unite la farina con il lievito sciolto in due cucchiai di acqua calda. Nel frattempo, in una ciotola mescolate il latte, lo zucchero e il sale e versateli sulla farina, lavorando il tutto con le mani. Poi aggiungete l'olio e i tuorli e amalgamate energicamente fino a ottenere un impasto compatto e omogeneo.
Infarinate e spennellate con un po' di latte una tortiera dai bordi alti (tipo uno stampo da panettone) e disponeteci l'impasto, che poi coprirete, lasciandolo lievitare finché non avrà raggiunto l'orlo dello stampo (possono volerci anche 3 ore). Mettete la tortiera nel forno preriscaldato a 180° e fate cuocere per 40 minuti.

E ora ecco le nostre farciture.

Tagliate prima il pan brioche in tante fette in senso orizzontale. Poi farcitelo sempre una fetta sì e una no, e infine tagliatelo a fette in verticale come un panettone, in modo che vengano tanti minitramezzini plurigusto.

Prosciutto e stracchino

250 g di stracchino
200 g di prosciutto cotto

Tonno e pomodoro

160 g di tonno sott'olio sgocciolato
2 pomodori da lavare e tagliare a spicchietti
maionese

Uova sode e carciofini

3 uova sode tagliate a fettine
3 carciofini sott'olio tagliati in quattro spicchi

Melanzane e formaggio

6 fette di melanzane grigliate sott'olio
100 g di brie affettato

Tacchino e pâté di olive

100 g di tacchino (quello affettato già confezionato)
100 g di pâté di olive (verdi o nere)

Pane arabo con ripieno ricco

3 panini arabi
3 fette di roast beef o di petto di pollo
3 melanzane sott'olio
3 fette di feta
olio extravergine di oliva

Difficoltà: ♥ ♥

Se avete in casa degli avanzi di roast beef o di petto di pollo potete gustarvi questo delizioso panino (altrimenti lo troverete buonissimo anche solo con la feta e la melanzana).

Fate leggermente abbrustolire la feta in una padella antiaderente con un filo di olio o su una piastra. Nel frattempo tagliate in due, in senso orizzontale, ogni panino e farcitelo con la carne, la melanzana e la feta, e conditelo con un filo d'olio.

Rudi, Budino e Lorenzo

Pane in cassetta bianco tostato con salmone e Philadelphia

Ingredienti x 3 persone

12 fette di pane in cassetta
250 g di Philadelphia
200 g di salmone affumicato
limone

Difficoltà: ♥♥

In un piatto condite il salmone, che deve essere tagliato a fettine sottili, con un goccio di limone.

Infilate il pane in cassetta nel tostapane. A mano a mano che le fette saranno abbrustolite, spalmate sopra 6 di esse il Philadelphia, aggiungetevi il salmone condito e coprite con le altre 6 fette in modo da ottenere 2 panini a testa.

Pane in cassetta integrale con filetti di acciuga e mozzarella

Rudi, Budino e Lorenzo

Ingredienti x 3 bocche affamate

12 fette di pane in cassetta integrale
160 g di mozzarella fiordilatte
18 filetti di acciuga sott'olio
60 g di burro

Difficoltà: ♥♥

Scolate la mozzarella dall'acqua di conserva e tagliatela a fettine sottili. Sgocciolate i filetti di acciuga e sminuzzateli.
Infilate il pane in cassetta nel tostapane e, a mano a mano che le fette saranno abbrustolite, spalmate sopra 6 di esse il burro, aggiungetevi la mozzarella e le acciughe e chiudete con le altre 6 fette in modo da ottenere 2 panini a testa.

Panini con la porchetta

Ingredienti x 3 panini

3 rosette
o 6 fette di pane casereccio non troppo alte
600 g di porchetta (ovviamente con la crosta)

Difficoltà: trovare un ingrediente da accoppiare alla porchetta.

Se non siete di Roma e vi trovate in questa città non potete non fare una gita ad Ariccia, «la casa della porchetta».
Solo nelle fraschette dei Castelli romani, infatti, vi servono il vero e genuino panino con la porchetta, nel pane croccante, fresco di forno, sempre tipico dei Castelli (quello di Genzano), o nella classica rosetta.
I grandi, poi, non possono fare a meno di accompagnarlo con la cosiddetta *Romanella*, un vino bianco dolce frizzantino anch'esso tipico dei Castelli.
Il panino, comunque, potete prepararvelo anche da voi con gli ingredienti che vi ho indicato sopra. Non c'è bisogno che vi dia altre istruzioni... vero?

Insieme alla pizza bianca con prosciutto e fichi, è una merenda tipica romana.

Panini di grano saraceno con burro di arachidi e miele

Rudi, Budino e Lorenzo

Ingredienti x 3 panini

3 panini di grano saraceno
6 cucchiai di burro di arachidi
2 banane
3 cucchiai di miele
15 g di noci tritate (se vi piacciono)

Difficoltà: ♥

Sbucciate e tagliate a fettine le banane.

Tagliate i panini in due in senso orizzontale e spalmateli bene di burro di arachidi e miele. Farciteli, quindi, con le fettine di banana e, se vi piacciono, aggiungetevi anche le noci tritate.

Panzanella

Ingredienti x 3 bocche affamate

3 fette di pane casereccio raffermo
3 pomodori maturi (anche i ciliegina vanno bene, in questo caso usatene almeno una ventina)
1 cipolla bianca
6 foglie di basilico
3 cucchiai di olio extravergine di oliva
1 cucchiaino di sale

Difficoltà: ♥ ♥

Se pensate di consumare questo «intruglio» davanti alla PlayStation armatevi di un rotolo di Scottex.

In una ciotola colma d'acqua immergete le fette di pane e lasciatele in ammollo finché non saranno ben imbevute.
Nel frattempo lavate e tagliate i pomodori a spicchietti, pulite e affettate sottilmente la cipolla e sminuzzate le foglie di basilico. Versate il tutto in un'insalatiera, aggiungeteci il pane ammollato, dopo averlo ben strizzato e spezzettato con le mani, e condite con olio e sale. Mescolate e mangiate a cucchiaiate!

Piadina

Ingredienti x 3 persone

Rudi, Budino e Lorenzo

3 piadine
250 g di squacquerone (se non lo trovate, va bene anche lo stracchino)
200 g di salame piccante (se non vi piace piccante potete usare il classico cacciatorino)

Difficoltà: ♥ ♥

In una padella antiaderente scaldate ogni piadina da entrambe le parti.
Nel frattempo spellate il salame e tagliatelo a fette sottili.
Fate scivolare le piadine ancora bollenti su un piatto e disponetevi sopra prima lo squacquerone (spalmandolo bene), poi le fette di salame. Piegatele in due e divorate le piadine ben calde.

Varianti

La piadina è buonissima con tutti i tipi di affettati (mortadella, prosciutto crudo o cotto, bresaola) accompagnati da formaggi (spalmabili, scamorza, scaglie di grana).
È ottima anche con l'aggiunta di rucola, melanzane sott'olio, cipolline sott'olio…

Pizza bianca con prosciutto e fichi

3 quadrati di pizza bianca
6 fette di prosciutto crudo salato (2 a testa)
6 fichi (2 a testa)

Difficoltà: ❤ ❤

Questa è la tipica merenda romana, e noi non lo sapevamo. La prima volta me l'hanno fatta provare zio Cesare ed Ezio contro la mia volontà. Continuavano a dirmi: «C'è gente che non prova e pretende di sapere».
Be', il mio giudizio potete immaginarlo visto che ora la propongo a voi!

Tagliate la pizza in due in senso orizzontale, poi spellate i fichi e spalmateli sulla metà inferiore della pizza, quindi disponetevi sopra le fette di prosciutto. Richiudete con la metà superiore e gustate.

Tacos

1 confezione di tacos
260 g di fagioli cannellini in scatola
(il peso è da intendersi per il prodotto sgocciolato)
1 barattolo di sugo pronto a base di pomodoro

Difficoltà: ♥ ♥

In un pentolino mettete a scaldare il sugo e, quando inizia a sobbollire, versateci dentro i fagioli sgocciolati e lasciate cuocere il tutto per 5 minuti aggiungendo due cucchiai di acqua calda. Poi, con un cucchiaio, riempite ben bene i tacos.

Variante

I tacos sono buonissimi anche con il ragù avanzato e appena riscaldato nel microonde per un paio di minuti. Io di solito approfitto di quello fatto da Gabriella o da Lucia, ma senz'altro anche voi avrete una nonna o una mamma che lo preparano.

Mimmo e Matilde

i cesaroni

Dolcetto o scherzetto?

A me piace stare sempre in cucina, anche perché a casa nostra ci passa un sacco di gente. E ognuno lascia qualcosa.
Da quando è arrivata Matilde, poi, Lucia e Stefania si divertono un mondo a impiastricciarsi con noi, e insieme ci facciamo un sacco di risate.
Per fare le cose buone, però, serve tempo. Ed ecco che se vogliamo provare a cucinare, loro sono sempre a nostra disposizione.
La cucina è magica perché se mischi le cose per bene alla fine viene sempre fuori qualcosa di gustoso. L'importante è aiutarsi.
Papà e zio Cesare dicono sempre che l'unione fa la forza, noi infatti ci compensiamo: Matilde è bravissima a pesare le dosi e a seguire i tempi di cottura (qualcosa di buono l'ha imparato nel collegio in Svizzera dov'è cresciuta!). Io, inve-

ce, sono bravo a unire il tutto. D'altra parte sono un Cesaroni pure per questo!
Facciamo biscotti, dolci e dolcetti, e ci facciamo anche gli scherzi, e non solo a Carnevale, infatti ogni occasione è buona: Natale, San Valentino, i compleanni, Pasqua, a un dolce nessuno riesce mai a rinunciare. I dolcetti ci assomigliano: ti mettono sempre di buon umore. E poi, mentre cuciniamo, pensiamo alle persone a cui vogliamo bene. Ce l'ha insegnato Gabriella. È un gioco facile. Soprattutto quando prepariamo i biscotti «Brutti ma buoni». Come a chi pensiamo?! Ma a zio Cesare, no?!

Baci di dama

Ingredienti x 4 persone

Per i biscotti:
300 g di nocciole tostate e tritate
300 g di farina
200 g di zucchero
200 g di burro
1 bustina di lievito per dolci
1 uovo

Per la farcitura:
1 uovo
2 cucchiai di cacao amaro
2 cucchiai di farina

Difficoltà: ♥ ♥ ♥

Preriscaldate il forno a 150°. Sul piano da lavoro versate la farina, fatevi un buco al centro e incorporatevi l'uovo, le nocciole, lo zucchero, il burro ammorbidito e il lievito, poi impastate bene il tutto.

Da questo composto omogeneo ricavate tante semisfere e disponetele su una teglia ricoperta con carta da forno (non devono appiccicarsi le une alle altre). Infornatele per 10 minuti e poi lasciatele raffreddare.

In una ciotola mescolate l'uovo, il cacao e la farina: ne risulterà una crema piuttosto densa, che metterete tra due semisfere, in modo da ottenere una sfera intera e ripiena.

Biscotti di San Valentino

Ingredienti x 25 biscotti completi

125 g di burro
250 g di farina
100 g di zucchero
6 g di lievito per dolci (un po' meno di 1/2 bustina)
scorza di 1/2 limone grattugiata
1 uovo
1 bustina di vanillina
marmellata di fragola (oppure Nutella, se preferite)
zucchero a velo

Procuratevi 2 stampini a forma di cuore, di cui uno leggermente più piccolo dell'altro

Difficoltà: ♥ ♥ ♥

Mimmo: Quando viene il 14 febbraio a noi più piccoli, dato che non dobbiamo scervellarci a trovare un regalo adatto per l'altra metà, le donne Cesaroni, comprese Eva e Alice, ci mettono a preparare questi dolcetti. Pensano che alla nostra età non si possa avere un amichetto o un'amichetta del cuore?!
Matilde: Io, però, un sacchettino a Cesare sul comodino glielo faccio sempre trovare.
Mimmo: Anche io a nonna Gabriella, visto che spesso usia-

mo la sua marmellata di cioccolata e lamponi; ma quasi quasi è meglio se questi biscotti ce li mangiamo tutti noi, eh?!

Togliete il burro dal frigorifero 1 ora prima della lavorazione, tagliatelo a pezzetti e lasciatelo ammorbidire a temperatura ambiente.
Disponete la farina su un piano da lavoro, fatevi un buco al centro e metteteci il burro, lo zucchero, la scorza di limone, l'uovo, la bustina di vanillina e il lievito; con le mani, lavorate molto bene l'impasto finché non risulterà liscio e omogeneo. Poi, con il matterello tiratelo fino ad avere una sfoglia alta non più di 1/2 cm e, con lo stampino a forma di cuore più grande, ricavate un numero pari di sagome (non dimenticate che ve ne serviranno due per formare un biscotto).
A questo punto, su metà dei cuori ottenuti, fate un'incisione con lo stampino più piccolo; disponete quindi tutti i cuori su una teglia rivestita di carta da forno, e infornateli a 180° per circa 15-20 minuti. I biscotti non dovranno scurirsi, ma solo dorarsi leggermente in superficie.
Quando saranno cotti e ancora caldi, mettete sopra il cuore non inciso un velo di marmellata di fragola (o di Nutella), e sovrapponetevi il cuore inciso. I biscotti così ottenuti dovranno essere spolverizzati con lo zucchero a velo... e buon San Valentino!

Variante

Potete usare stampini di forma diversa dal cuore e magari incidere le vostre iniziali sulla superficie del biscotto prima di cuocerlo.

Brownies

Ingredienti x 4 brownies

140 g di farina
220 g di zucchero
2 uova
100 g di burro
50 g di cioccolato fondente
1 bustina di vanillina
100 g di noci tritate

Difficoltà: ♥ ♥ ♥

Fate sciogliere a bagnomaria il cioccolato e lasciate ammorbidire il burro per alcuni minuti a temperatura ambiente. In una ciotola dai bordi alti lavorate (anche con l'aiuto della frusta elettrica) lo zucchero e il burro fino a ottenere un composto cremoso. A questo punto aggiungete le uova e, un po' alla volta e senza mai smettere di mescolare, la farina, la vanillina, il cioccolato fuso e le noci tritate.

Nel frattempo accendete il forno a 180° e foderate con la carta da forno una teglia precedentemente imburrata. Poi versatevi sopra il composto ottenuto spianandone la superficie con l'aiuto di una paletta. Infornate e lasciate cuocere per 30 minuti. A cottura ultimata, tagliate l'impasto in tanti quadrati o losanghe.

I brownies vanno mangiati caldi e sono ottimi accompagnati dalla panna montata.

Brutti ma buoni

Ingredienti x 4 persone

80 g di mandorle tostate
80 g di nocciole tostate
100 g di zucchero a velo
1 bustina di vanillina
2 albumi

Difficoltà: ♥ ♥ ♥

Tritate grossolanamente le nocciole e le mandorle. Montate gli albumi a neve, incorporando un po' alla volta lo zucchero a velo e la vanillina, poi aggiungetevi le mandorle e le nocciole.

Versate l'impasto ottenuto in un pentolino, mettetelo sul fuoco bassissimo e fatelo cuocere per mezz'ora circa, mescolandolo molto delicatamente. A cottura ultimata, spegnete la fiamma e lasciate riposare il composto per qualche minuto.

Nel frattempo rivestite di carta da forno una teglia, sulla quale disporrete piccole cucchiaiate del composto, ben distanziate le une dalle altre. Infornate a 170° per 15 minuti.

Bugie (o frappe o chiacchiere)

Ingredienti x 4 persone

150 g di farina
30 g di zucchero
2 tuorli
1 albume
1 tazzina di vino bianco
1 tazzina di rum
scorza di 1 limone grattugiata
1/2 bustina di vanillina
sale
1 cucchiaio di olio extravergine di oliva
30 g di zucchero a velo
olio di semi per la frittura

Difficoltà: ♥♥♥
ma certamente non avrete nessuna difficoltà nel mangiare questi dolci spettegolando (non a caso vengono chiamati anche «chiacchiere»), come fanno sempre Lucia e Stefania, a volte mentendo a se stesse pur di prevalere l'una sull'altra. Poveri Giulio ed Ezio!

Amalgamate la farina, metà dello zucchero, la scorza di limone grattugiata, la vanillina, un pizzico di sale, i 2 tuorli, 1 cucchiaio di olio, il rum e l'albume precedente-

mente montato a neve. Per ultimo incorporate il vino bianco. Ottenuta una pasta compatta, stendetela con il matterello riducendola a una sfoglia di circa mezzo centimetro.
Con l'apposita rotellina dentata ritagliate tanti rettangoli e friggeteli quattro alla volta nell'olio bollente. A mano a mano che risulteranno dorati da entrambi i lati, scolateli con l'aiuto di un mestolo forato e fateli asciugare su un piatto su cui avrete disposto un foglio di carta assorbente.
Prima di servirli, spolverizzateli con lo zucchero a velo.

Cookies

Ingredienti x 25 cookies

130 g di zucchero
100 g di burro
1 bustina di vanillina
150 g di farina
100 g di gocce di cioccolato
1 cucchiaio di latte

Difficoltà: ♥ ♥ ♥

Preriscaldate il forno a 190° e ricoprite una teglia con della carta da forno. Lasciate ammorbidire il burro a temperatura ambiente per alcuni minuti.
In una ciotola dai bordi alti lavorate (anche con l'aiuto della frusta elettrica) lo zucchero e il burro fino a ottenere un composto cremoso. Aggiungete uno alla volta e gradualmente la farina, la vanillina e il latte.
Quando avrete ottenuto un composto omogeneo, incorporate anche le gocce di cioccolato e divertitevi a formare tante palline che sistemerete sulla teglia da forno a una distanza di circa tre dita l'una dall'altra.
Infornate e lasciate cuocere per 8-10 minuti.

Ingredienti x 4 persone

Croccante

300 g di noccioline (arachidi)
400 g di zucchero
2 cucchiai di acqua
1 cucchiaino di burro

Difficoltà:

Quando Giulio, Cesare ed Ezio ci portano allo zoo e ci comprano le noccioline da dare alle scimmie e alle giraffe, noi ci facciamo prendere sempre un sacchetto in più così Lucia e Stefania ci aiutano a fare questa ricetta.

Sbucciate, spellate e dividete in due le noccioline. Potete anche utilizzare le arachidi tostate. Versatele in un pentolino e fatele abbrustolire un po' sul fuoco basso (per non farle arrostire allontanate spesso il pentolino dal fuoco).
In un altro pentolino versate lo zucchero, aggiungetevi l'acqua e mettete sul fuoco al minimo. Quando lo zucchero si sarà sciolto, unitevi le noccioline ancora calde e mescolate il tutto con un cucchiaio di legno, finché il composto non assumerà il classico colore caramellato.
Ungete con il burro la piastra del forno e versatevi il composto, appiattendolo con l'aiuto di una spatola bagnata di acqua (il croccante non deve essere alto più di 1/2 cm).
Lasciatelo raffreddare bene prima di staccarlo dalla piastra.

Frullati alla frutta

Ingredienti x 2 persone

2 bicchieri di latte o acqua (se il frutto è abbastanza acquoso, potete usare anche un vasetto di yogurt bianco cremoso da 125 g)
frutta a scelta (fragola; banana; kiwi, pesca; melone; anguria; mela)

Difficoltà: ♥

Il latte (o l'acqua o lo yogurt) che decidete di utilizzare deve essere molto freddo. Sbucciate e tagliate la frutta o il frutto scelti a pezzetti. Versate nel frullatore gli ingredienti e frullateli alla massima velocità per almeno un paio di minuti.
Riempite due bei bicchieroni e decorateli con una cannuccia colorata.

È divertente anche fare i frullati bicolore, usando due frutti di colore diverso (per esempio, il kiwi e la pesca) e frullarli separatamente per poi versarli nel bicchiere uno dopo l'altro in modo che i colori si mantengano separati.

Frutta pastellata

Ingredienti x 2 persone

1 banana
1 mela
olio di semi (per la frittura)
zucchero a velo

Per la pastella:
80 g di farina
1 bicchiere di acqua
1 presa di sale

Difficoltà: ♥ ♥

Preparate la pastella. Mettete la farina e il sale in una ciotola e aggiungetevi a poco a poco l'acqua, mescolando con un cucchiaio di legno perché non si formino grumi. Un unico accorgimento: l'impasto non deve mai risultare troppo liquido, in tal caso aggiungete altra farina.
Consiglio: se si desidera una pastella che in cottura risulti più croccante potete aggiungere 1 uovo ogni 30 g di farina.
Tagliate la frutta in pezzi grandi a piacere, immergetela nella pastella e friggetela nell'olio bollente. Poi scolatela con un mestolo forato e mettetela ad asciugare su un piatto ricoperto di carta assorbente.
Prima di servirla, se vi piace, spolverizzatela di zucchero a velo.

Granita di caffè (con variante alla fragola)

Ingredienti x 4 persone

150 g di zucchero
4 tazzine di caffè
200 g di panna da montare
1 bustina di vanillina
4 cialde

Difficoltà: ♥ ♥

Ogni volta che Lucia dice: «Forza, prepariamo una bella granita di caffè per tutti», noi accorriamo subito illudendoci che, avendo partecipato alla preparazione, ce ne tocchi almeno un bicchierino. … E invece no!
Ma perché poi a noi bambini non ci fanno mai bere il caffè?

In un apposito recipiente di metallo sciogliete lo zucchero nel caffè e riponetelo in freezer per 2-3 ore, mescolandolo ogni 30 minuti.
Montate la panna, incorporandovi la vanillina.
Quand'è pronta, distribuite la granita in quattro bicchieri e decoratela con la panna e con una cialda. Se vi piace, potete mettere un po' di panna anche sul fondo di ciascun bicchiere prima di versarvi sopra la granita.

Variante alla fragola

500 g di fragole
1 bicchiere di acqua
1/2 limone
200 g di zucchero
1 bustina di vanillina
200 g di panna da montare
4 cialde

Pulite, lavate e frullate le fragole.

In un apposito contenitore di metallo sciogliete lo zucchero nell'acqua, aggiungetevi il passato di fragole, il succo di 1/2 limone e riponetelo nel freezer per 2-3 ore, mescolandolo ogni 30 minuti. Montate la panna e incorporatevi la vanillina.

Quand'è pronta, distribuite la granita in quattro bicchieri e decoratela con la panna e una cialda.

Lingue di gatto

Ingredienti x 4 persone

75 g di burro
75 g di zucchero
75 g di farina
2 albumi
1 tasca da pasticciere o siringa per dolci

Difficoltà:

In una ciotola dai bordi alti lavorate (anche con l'aiuto della frusta elettrica) lo zucchero e il burro ammorbidito fino a ottenere un composto cremoso. Sempre mescolando, aggiungete la farina e gli albumi.
Nel frattempo accendete il forno a 180° e ricoprite una teglia con la carta da forno.
Con l'aiuto di un cucchiaio introducete un po' alla volta il composto ottenuto in una tasca da pasticciere, o in una siringa per dolci, e disponetelo sulla teglia in tante striscioline lunghe 3-4 cm e distanti tra loro almeno due dita.
Infornate e lasciate cuocere per 7-8 minuti.
Fate attenzione quando staccate le lingue di gatto dalla carta da forno: questi biscotti si seccano subito dopo essere usciti dal forno e rischiano di rompersi se non vengono maneggiati con cura.

Macedonia di anguria

Mimmo e Matilde

Ingredienti x 4 persone

1 anguria
1 banana
1 mela
1 pera
1 pesca
1 melone
1 cestino di fragole
il succo di 1 limone
zucchero

Difficoltà:

Volete preparare una macedonia e avete deciso di utilizzare mezza anguria come zuppiera... un po' come fa zio Cesare con il pane per la pasta e fagioli?
Tagliate l'anguria in due parti, di cui una più grande dell'altra, e svuotatele entrambe, privando la polpa dei semi e tagliandola poi a pezzettini.
Pulite, lavate e tagliate anche il resto della frutta direttamente dentro la metà più grande dell'anguria, aggiungetevi il succo del limone e una quantità di zucchero a piacere, mescolate e portate in tavola. Volendo, potete usare la metà più piccola dell'anguria a mo' di «coperchio».

Mandorle pralinate

Ingredienti x 6 persone

125 g di zucchero
100 g di mandorle non sbucciate
2 cucchiai di acqua

Difficoltà: ❤ ❤

In una padella capiente versate lo zucchero e l'acqua e lasciate cuocere sul fuoco basso, finché lo zucchero non si sarà sciolto.
Allontanate la padella dal fuoco, unite le mandorle e mescolate con un cucchiaio di legno, finché non saranno ben ricoperte di zucchero.
Attenzione: a differenza del croccante, lo zucchero non deve caramellare.

Ingredienti x 4 persone

Mousse di cioccolato bianco

200 g di cioccolato bianco
250 g di panna da montare
2 tuorli d'uovo
200 g di zucchero

Difficoltà: ♥ ♥

Lo confessiamo: questa ricetta l'abbiamo rubata a Lucia e Stefania. Avete visto che loro fanno i tartufi con il cioccolato delle uova di Pasqua avanzate? Be', mica riceviamo solo cioccolato al latte o fondente! A volte ci regalano anche le uova di cioccolato bianco (mamma che buone!) e con queste ci divertiamo a fare un'ottima mousse... Ancora non abbiamo capito come mai alla mattina non ne troviamo più nel frigo: ma chi mai si farà tutte queste scorpacciate notturne?!

In una ciotola montate i tuorli con lo zucchero fino a ottenere una crema soffice e spumosa. A parte, montate la panna. Fate fondere il cioccolato a bagnomaria, aggiungetelo alle uova e, per ultima, incorporatevi la panna, mescolandola dal basso verso l'alto in modo che non si smonti.
Mettete la mousse così ottenuta in frigorifero e lasciatela addensare per 4-5 ore prima di servirla.

Muffin

Ingredienti secchi:
1 cucchiaino di bicarbonato
250 g di farina
1 cucchiaino di lievito per dolci
1 bustina di vanillina

Ingredienti umidi:
85 g di burro
150 g di zucchero
2 uova
200 ml di latte

Farcitura:
80 g di gocce di cioccolato fondente (se preferite anche al latte o bianco)
oppure
150 g di mirtilli
oppure
frutta a scelta (1 mela; 1 banana) tagliata a pezzettini

Procuratevi uno stampo da 12 muffin o 12 stampini di carta usa e getta

Difficoltà:
se seguirete alcune regole fondamentali:
mescolate tutti gli ingredienti umidi e quelli secchi separatamente poi uniteli;

Ingredienti secchi x 12 muffin

aggiungete la farcitura alla fine;
non mescolate gli ingredienti eccessivamente;
non prolungate la cottura: i muffin sono pronti quando sono ben lievitati e hanno la superficie dorata.

Scaldate il forno a 200° e imburrate lo stampo da muffin oppure preparate gli appositi stampini di carta.
Dopo aver amalgamato gli ingredienti umidi – prima il burro ammorbidito con lo zucchero, poi le uova e infine il latte – aggiungete gli ingredienti secchi (farina, lievito, bicarbonato e vanillina) mescolando finché saranno ben incorporati, ma senza esagerare per non rendere l'impasto troppo duro.
Aggiungete infine la farcitura che avete scelto, tenendone una piccola quantità da parte per usarla come decorazione finale.
Versate l'impasto a cucchiaiate negli appositi spazi dello stampo (o negli stampini di carta) riempiendoli fino a 3/4, poi infornate e cuocete per 15-20 minuti finché i muffin non saranno ben dorati. Lasciateli quindi riposare per altri 5 minuti dentro il forno spento con lo sportello aperto.
Quando i muffin saranno freddi, decoratene la superficie con ciò che è avanzato della farcitura.

Pannacotta con salsa (di cioccolato, mirtilli o caramello)

Ingredienti x 6 persone

3 fogli di colla di pesce (6 g)
500 ml di panna
1/2 bastoncino di vaniglia
180 g di zucchero

Difficoltà: ♥ ♥

È davvero divertente preparare questa ricetta con l'aiuto di Lucia e Stefania, perché ogni volta nasce un vero e proprio «affare di famiglia».
Succede sempre la stessa storia: noi portiamo la pannacotta con la cioccolata a Marco e a Rudi, a Eva e ad Alice con i mirtilli, mentre a Giulio e a Cesare diamo quella con il caramello; ma poi ognuno di loro ruba sempre un cucchiaino all'altro e finisce che si arrabbiano, così siamo costretti a fare tre porzioni di ciascuna variante per accontentarli tutti. Per questo motivo, alla fine della ricetta, vi proponiamo le tre salse che piacciono a noi Cesaroni, che sono le più classiche, ma in fondo anche le più buone.

Fate ammorbidire i fogli di colla di pesce in una ciotola con acqua fredda (in ogni caso, seguite le istruzioni per l'uso che trovate sulla confezione).
In un pentolino unite la panna, 1/2 bastoncino di vaniglia, lo zucchero e fate cuocere sul fuoco basso, mescolando continuamente in modo che non giunga a ebollizione.
Poi allontanate il pentolino dalla fiamma, strizzate i fogli di colla di pesce e immergeteli nel composto a base di panna, quindi rimettete il tutto sul fuoco e continuate a mescolare finché non otterrete una crema liscia e omogenea.
A cottura ultimata, filtrate il composto con un colino per eliminare eventuali grumi o residui di colla di pesce e quindi versatelo in sei stampini individuali o in uno stampo da budino.
Dopo che si sarà raffreddata, lasciate addensare la pannacotta in frigorifero per almeno 5 ore prima di sformarla sul piatto da portata o sui singoli piattini da dessert. Poi decoratela con la salsa che preferite.

Per la salsa di cioccolato

300 g di cioccolato fondente

Fate sciogliere il cioccolato a bagnomaria mescolandolo in modo che non faccia grumi, poi versatelo ancora caldo sulla pannacotta.

Per la salsa di mirtilli

100 g di mirtilli
2 cucchiai di zucchero
il succo di 1 limone
2 fogli di colla di pesce

Frullate i mirtilli con lo zucchero e il succo del limone fino a ottenere un composto omogeneo. Unitevi, quindi, la colla di pesce (dopo averla fatta ammorbidire in acqua e strizzata, secondo le istruzioni per l'uso che trovate sulla confezione) e frullate di nuovo il tutto.
Lasciate raffreddare la salsa in frigorifero per almeno 3 ore prima di versarla sulla pannacotta.

Per la salsa di caramello

100 g di zucchero

Versate lo zucchero in un pentolino e mettetelo sul fuoco (fiamma vivace) mescolandolo continuamente con un cucchiaio di legno finché non comincia a cristallizzarsi. A questo punto abbassate la fiamma e continuate a mescolare (se necessario allontanando ogni tanto il pentolino dal fuoco) finché non avrete ottenuto il caramello.
Versatelo sulla pannacotta finché è ancora caldo.

Pesche ripiene

Ingredienti x 4 persone

6 pesche grosse poco mature
80 g di zucchero
4 savoiardi piccoli
50 g di mandorle dolci non spellate
10 g di arance candite
1/2 bicchiere di vino bianco

Difficoltà:

Tagliate le pesche in due, senza sbucciarle, e privatele del nocciolo. Ingrandite leggermente i buchi togliendo un po' di polpa, che terrete da parte.
Spellate e tritate le mandorle, poi tagliate a dadini le arance candite.
In una ciotola mescolate la polpa delle pesche con le mandole, le arance, 50 g di zucchero e unitevi i savoiardi sbriciolati.
Con il composto ottenuto riempite le metà delle pesche e disponetele in una pirofila leggermente unta. Cospargetele con il vino e lo zucchero rimasto e mettetele in forno caldo (circa 150°) per 5-10 minuti, in modo che la superficie risulti dorata.

Salame di cioccolato

Ingredienti x 4 persone

100 g di zucchero
150 g di cacao amaro
100 g di burro
200 g di biscotti secchi
50 g di mandorle, noci, pinoli

Difficoltà: ♥ ♥

Lasciate ammorbidire il burro a temperatura ambiente per alcuni minuti, poi montatelo con lo zucchero fino a ottenere un composto cremoso. Continuando a mescolare, incorporate il cacao, facendo attenzione che non si formino grumi. Aggiungete i biscotti precedentemente sbriciolati e la frutta secca spezzettata, quindi amalgamate bene il tutto con un cucchiaio di legno.
Con le mani divertitevi a dare al composto la forma di un salame, che poi avvolgerete nella pellicola trasparente e riporrete in frigorifero per almeno un paio d'ore.
Al momento di servirlo, togliete il salame dalla pellicola e tagliatelo a fette non troppo sottili.

Spiedini di frutta

Ingredienti x 4 persone

3 fette di melone
3 fette di ananas
12 chicchi di uva
12 fragole
3 fette di mango
100 g di miele
12 spiedini di legno

Difficoltà:

Lavate e sbucciate la frutta.

Tagliate il melone, l'ananas e il mango ottenendo da ciascun frutto 12 pezzetti.

Preparate gli spiedini alternando i diversi tipi di frutta.

Una volta posizionati gli spiedini su un piatto da portata, fateci colare sopra delicatamente il miele.

Gabriella

i cesaroni

La cucina della nonna

La prima regola da imparare è che tutto quello che si può fare in casa è più buono, più sano e rafforza la famiglia. Noi, poi, siamo in tanti, ci sono i vicini, i clienti della bottiglieria; insomma i fornelli e io ormai siamo una cosa sola. Loro non mi tradiscono.
C'è sempre un buon motivo per cucinare. Ma pure se sono la regina della cucina, mi piace cucinare in compagnia. Dei bambini, s'intende. Per rinfrescare la tradizione, per assecondare con loro i quattro sensi (il gusto, l'odorato, il tatto e la vista) fondamentali quando si prepara da mangiare. Assaggiare per sentire i sapori, annusare per riconoscere gli odori, toccare per imparare la consistenza delle cose,

guardare per capire che cosa si sta facendo e che cosa può venirne fuori. Il quinto senso, l'udito, invece, serve per sentire i commenti altrui... Non conosco una sola persona che non aspetti con ansia di vedere che cosa esce dal forno. Poi devo fare come le vigilesse a piazza Venezia e controllare che nessuno faccia il furbo e assaggi prima del dovuto.
Io sono la nonna. Tocca a me viziare tutti. E poi devo anche essere brava a non svelare i miei ingredienti segreti. Per esempio: non rivelare com'è che la mia marmellata di cioccolato e lamponi, che è sempre la migliore. L'ingrediente segreto più importante è la gioia – sempre presente in casa Cesaroni – che rende tutto più buono e unico.

Crostini toscani

Gabriella

Ingredienti x 4 persone

300 g di fegatini di pollo
1/2 cipolla bianca
1 cucchiaio di capperi
olio extravergine di oliva
1/2 bicchiere di vin santo secco
sale
pepe
fette di pane abbrustolite (va bene anche la baguette)

Difficoltà: ♥ ♥

Pulite, lavate e tagliate a pezzetti i fegatini.

Tritate finemente la cipolla e fatela imbiondire in un tegame con un po' d'olio. Versatevi i fegatini, salate, pepate e fate rosolare per 5 minuti. Quindi, aggiungete il bicchiere di vino e proseguite la cottura per altri 10 minuti.

Con l'aiuto della mezzaluna sminuzzate ulteriormente i fegatini aggiungendo i capperi (la ricetta originale non prevede la frullatura, altrimenti si otterrebbe un pâté).

Spalmate il composto ottenuto sulle fettine di pane abbrustolite.

Cannelloni con la carne

Ingredienti x 4 persone

50 g di parmigiano grattugiato
sale
olio extravergine di oliva
burro

Per i cannelloni:
200 g di farina
2 uova
1 pizzico di sale

Per il sugo:
500 g di macinato di vitello
2 cucchiai di olio extravergine di oliva
1 cipolla
1 carota
1/2 costa di sedano
1/2 bicchiere di vino rosso
1 kg di salsa di pomodoro
sale
pepe

Per la besciamella (se non la fate voi, compratene una confezione da 500 g):
50 g di burro
50 g di farina
1/2 litro di latte

Per il ripieno:
1 kg di macinato misto (vitello, maiale e pollo)
2 cucchiai di olio extravergine di oliva
1 litro di brodo di dado

Difficoltà: ♥♥♥♥

Se non avete tempo di prepararli con la ricetta che vi darò, sappiate che in commercio si trovano i cannelloni vuoti e pronti da riempire.

Su un tavolo da lavoro impastate la farina con le uova e un pizzico di sale fino a ottenere una palla compatta e omogenea. Durante la lavorazione, tenetevi accanto una ciotola di acqua per bagnarvi le mani e maneggiare meglio l'impasto. Dopodiché, avvolgete la palla di pasta in un canovaccio e lasciatela riposare per 45 minuti.
Preparate il brodo di dado e mantenetelo sempre ben caldo.
In un tegame dal fondo spesso e i bordi alti iniziate a preparare il sugo facendo soffriggere con un po' di olio la cipolla, il sedano e la carota precedentemente puliti e tagliati a dadini, poi aggiungetevi il macinato di vitello e il vino. Lasciate rosolare per 5 minuti, poi unitevi la salsa di pomodoro. Salate, pepate e lasciate cuocere altri 25 minuti.
In un altro tegame fate rosolare il macinato per il ripieno con due cucchiai di olio, versatevi sopra un po' di brodo e lasciate cuocere per 30 minuti aggiungendo altro brodo quando vedete che il composto si asciuga troppo.
Adesso preparate la besciamella: in un pentolino fate scio-

gliere il burro, aggiungetevi la farina a pioggia (facendo attenzione che non si formino grumi: semmai passatela con un setaccio) e il latte precedentemente portato a ebollizione e mescolate continuamente con un cucchiaio di legno finché la besciamella non prende consistenza.

Con l'aiuto del matterello, spianate la pasta che avete lasciato riposare e ritagliatela in quadrati di circa 10 cm per lato.

Nel frattempo, in una pentola portate a ebollizione l'acqua salata e cuoceteci i quadrati di pasta ottenuti, facendo attenzione che non si appiccichino tra loro (per evitare che ciò succeda può essere utile aggiungere un goccio d'olio all'acqua di cottura). La cottura della pasta all'uovo non supera mai i 5 minuti. Scolate i quadrati di pasta uno a uno con l'aiuto di un mestolo forato, distendeteli su un piatto e riempiteli con una o due cucchiaiate di ripieno di carne e arrotolateli a mo' di cannelloni.

Preriscaldate il forno a 180°.

Imburrate una pirofila, versate sul fondo una parte del sugo e della besciamella, adagiateci i cannelloni uno accanto all'altro e copriteli con il sugo e la besciamella rimasti. Cospargete il tutto di parmigiano grattugiato, infornate e lasciate cuocere per 15 minuti.

Cannelloni con ricotta e salsiccia (o vegetariana con spinaci)

Gabriella

sale
burro

Per i cannelloni:
300 g di farina
3 uova
1 pizzico di sale

Per il ripieno:
1/2 kg di ricotta fresca
1 uovo
3 salsicce
sale
50 gr di pecorino grattugiato

Per il sugo:
3 cucchiai di conserva di pomodoro
50 g di burro
1 carota
1/2 costa di sedano
1 cipolla
sale

Ingredienti x 6 persone

Difficoltà: ♥♥♥♥

Se non avete tempo di prepararli con la ricetta che vi darò, sappiate che in commercio si trovano i cannelloni vuoti e pronti da riempire.

Su un tavolo da lavoro impastate la farina con 3 uova e un pizzico di sale fino a ottenere una palla compatta e omogenea. Durante la lavorazione, tenete accanto a voi una ciotola d'acqua per bagnarvi le mani e maneggiare meglio l'impasto.
Dopodiché, avvolgete la palla di pasta in un canovaccio e lasciatela riposare per 45 minuti.
Nel frattempo, in una terrina, schiacciate la ricotta con la forchetta e amalgamatevi il pecorino (lasciandone da parte un po' da spargere sui cannelloni prima di infornarli), l'uovo rimasto e un pizzico di sale.
In un tegame mettete le salsicce, ricoprendole di acqua, e lasciatele cuocere a fuoco medio finché l'acqua non si sarà consumata. A questo punto, spellatele, sminuzzatele e unitele al composto di ricotta.
In una padella capiente preparate il sugo facendo sciogliere una noce di burro e soffriggetevi la carota, la cipolla e il sedano puliti e tagliati a dadini, unitevi la conserva di pomodoro, salate e lasciate insaporire per 10 minuti.
Con l'aiuto del matterello, spianate la pasta che avete lasciato riposare e ritagliatela in quadrati di circa 10 cm per lato.
Nel frattempo, in una pentola portate a ebollizione l'acqua salata e cuoceteci i quadrati di pasta ottenuti, facendo attenzione che non si appicchino tra loro (per evitare che ciò succeda può essere utile aggiungere un goccio d'olio

all'acqua di cottura). La cottura della pasta all'uovo non supera mai i 5 minuti.
Scolate i quadrati di pasta a uno a uno con l'aiuto di un mestolo forato, distendeteli su un piatto, riempiteli con una o due cucchiaiate di ripieno di ricotta e salsiccia e arrotolateli a mo' di cannelloni.
Preriscaldate il forno a 180°.
Imburrate una pirofila, versate sul fondo una parte del sugo a base di pomodoro, adagiateci i cannelloni e copriteli con il restante sugo, qualche fiocchetto di burro e il pecorino che avete tenuto da parte.
Infornate e lasciate cuocere per 15 minuti.

Versione vegetariana

Al posto della salsiccia potete usare 400 g di spinaci che laverete, lesserete e farete saltare in padella con 2 noci di burro e poi unirete, sminuzzati, al composto di ricotta.

Un consiglio: una volta fatto il grosso del lavoro, cioè i cannelloni, potete tenere pronti entrambi i ripieni (di salsiccia e di spinaci), in modo che i vostri ospiti possano scegliere quello che preferiscono.

Lasagne

Ingredienti x 6-8 persone

500 g di lasagne fresche già pronte
250 g di mozzarella
100 g di parmigiano grattugiato
olio extravergine di oliva

Per il ragù:
500 g di carne di manzo macinata
1 kg di salsa di pomodoro
1 cipolla
1 carota
1/2 costa di sedano
1/2 bicchiere di vino rosso
2 cucchiai di olio extravergine di oliva
sale

Per la besciamella (se non la fate voi, compratene una confezione da 500 g):
50 g di burro
50 g di farina
1/2 litro di latte

Difficoltà: ♥ ♥ ♥

In un tegame dai bordi alti e dal fondo spesso fate soffriggere con l'olio la carota, il sedano e la cipolla precedentemente puliti e tagliati a dadini, aggiungetevi il manzo

macinato e il vino, quindi lasciate rosolare per 5 minuti a fuoco vivace; unitevi la salsa di pomodoro e continuate la cottura a fuoco basso per 30 minuti, mettendo il cucchiaio di legno tra il bordo del tegame e il coperchio, in modo da mantenere il giusto grado di umidità.
Nel frattempo, preparate la besciamella: in un pentolino fate sciogliere il burro, aggiungetevi la farina a pioggia (facendo attenzione che non si formino grumi: semmai passatela con un setaccio) e il latte precedentemente portato a ebollizione poi mescolate continuamente con un cucchiaio di legno finché la besciamella non prende consistenza.
Preriscaldate il forno a 200°.
Ungete con un po' di olio una teglia da forno rettangolare e disponete sul fondo un primo strato di lasagne, versateci sopra qualche cucchiaiata di ragù e di besciamella e una spolverata di parmigiano. Proseguite per strati successivi finché non avrete esaurito lasagne, ripieno e besciamella.
Completate l'ultimo strato con la mozzarella tagliata a fette e una spruzzata di parmigiano grattugiato, infornate e lasciate cuocere per 20 minuti.

Gabriella

Penne lisce con sugo di spezzatino

Ingredienti x 4 persone

400 g di penne lisce
1/2 kg di spezzatino di vitello
1 cipolla bianca piccola
500 g di salsa di pomodoro
1 cucchiaino di burro
olio extravergine di oliva
sale
pepe

Difficoltà: ♥ ♥

Quando Mimmo e Matilde tornano da scuola, spesso vengono a pranzo a casa mia.
Sono sempre contenti quando si trovano davanti questo piatto e fanno a gara a chi «risucchia» più penne senza masticarle. Io li sgrido, ma è difficile resistere alla tentazione quando la pasta è liscia e bella sugosa!
Anche mia nonna mi preparava spesso questo piatto quando tornavo da scuola, e anche a me piaceva fare lo stesso giochetto… e venivo puntualmente sgridata!

Pulite e tagliate la cipolla a fettine sottili e fatela imbiondire in un tegame con un filo d'olio; aggiungetevi, quindi, lo spezzatino, il burro, un pizzico di sale e pepe e lasciate

rosolare per 10 minuti mescolando di tanto in tanto con un cucchiaio di legno. Unite la salsa di pomodoro e fate proseguire la cottura per 20 minuti, sistemando il cucchiaio tra il coperchio e il bordo del tegame (se vedete che il sugo si addensa troppo, aggiungete un po' di acqua calda).
Nel frattempo salate e portate a ebollizione l'acqua della pasta e cuocete le penne lisce per il tempo indicato sulla confezione. Scolatele leggermente al dente e spadellatele nel tegame dello spezzatino.

Quiche di radicchio e scamorza

Ingredienti x 4 persone

200 g di farina
90 g di burro
3 uova
20 g di acqua
1 cespo di radicchio rosso
1 scamorza affumicata (150-200 g circa)
40 g di parmigiano grattugiato
1 tazzina di latte
olio extravergine di oliva
burro o carta da forno
sale
pepe

Difficoltà: ♥ ♥ ♥

Ogni volta che Eva e Alice sono un po' giù di corda o hanno qualche problema (e le nonne sanno sempre quando i nipoti sono tristi), sforno subito questo piatto e l'umore sale alle stelle: loro vanno pazze per la mia quiche.

In una terrina mescolate la farina, un cucchiaino di sale e il burro ammorbidito fino a ottenere un impasto omogeneo; aggiungetevi, quindi, l'acqua e un uovo e continuate a mescolare. A questo punto, avvolgete il composto nella pellicola e lasciatelo riposare in frigorifero per circa 2 ore.

Nel frattempo pulite, lavate, tagliate il radicchio e fatelo appassire lentamente in padella con un filo di olio. Poi lasciatelo raffreddare.

Intanto, sbattete le 2 uova rimaste con il latte, il parmigiano e un pizzico di sale e di pepe, poi unite il tutto al radicchio e alla scamorza tagliata a cubetti.

Preriscaldate il forno a 180°.

Togliete la pasta dal frigorifero e stendetela con l'aiuto di un matterello. Foderatevi una teglia tonda del diametro di 24 cm precedentemente imburrata o rivestita di carta da forno e versatevi l'impasto.

Infornate e cuocete per 40 minuti.

Gabriella

Torta di formaggio e mortadella

Ingredienti x 6 persone

200 g di farina
100 g di mortadella (1 fetta spessa)
2 bicchieri di latte
100 g di parmigiano grattugiato
100 g di groviera
3 uova
100 g di fontina
burro o carta da forno
2 cucchiai di olio di semi

Difficoltà: ♥ ♥ ♥

Tagliate il groviera, la fontina e la mortadella a cubetti. Preriscaldate il forno a 170°.

In una ciotola mettete la farina, aggiungetevi le uova (uno alla volta) e, a poco a poco, il latte e l'olio, amalgamando bene, fino a ottenere un impasto omogeneo. A questo punto incorporatevi i formaggi che avete già tagliato, il parmigiano grattugiato e la mortadella continuando a mescolare.

Versate il tutto in una teglia tonda del diametro di 24 cm, precedentemente imburrata o rivestita di carta da forno, e mettete in forno per circa 30-40 minuti.

Per vedere se la torta è cotta, utilizzate uno stuzzicadenti: se esce pulito e asciutto la torta è pronta.

Torta rustica di ricotta, spinaci e mozzarella

Gabriella

Ingredienti x 4 persone

2 rotoli di pasta sfoglia
300 g di ricotta
300 g di mozzarella
1 kg di spinaci
25 g di burro
parmigiano grattugiato
sale
pepe

Difficoltà: ♥ ♥ ♥

Lessate gli spinaci, quindi scolateli e passateli in padella con il burro e la ricotta, amalgamando bene il tutto e aggiungendo abbondante parmigiano grattugiato, un pizzico di sale e uno di pepe.
In una teglia del diametro di 24 cm stendete il primo rotolo di sfoglia e versatevi l'impasto che avete ottenuto. Disponetevi sopra la mozzarella tagliata a fettine e chiudete con l'altra sfoglia. Mettete nel forno preriscaldato a 170° per 30 minuti.

Tortino di carciofi

Ingredienti x 6 persone

250 g di farina
200 g di burro
1 uovo
10 carciofi
20 g di parmigiano grattugiato
50 g di Bel Paese
50 g di stracchino
150 g di panna da cucina
limone
burro o carta da forno
sale
pepe

Difficoltà: ♥ ♥ ♥

In una terrina amalgamate la farina, un cucchiaino di sale, 130 g di burro ammorbidito e l'uovo fino a ottenere un composto omogeneo che poi avvolgerete nella pellicola o in un canovaccio e riporrete in frigorifero per 1 ora.
Nel frattempo, pulite e tagliate i carciofi a spicchi, lasciandoli a bagno in acqua e limone per circa 1 ora.
Tagliate i formaggi a dadini e fateli cuocere in padella con il restante burro, un pizzico di sale e pepe e, se occorre, un po' di acqua, per evitare che si attacchino.

Preriscaldate il forno a 190°.
Tirate fuori dal frigorifero la pasta e stendetela con l'aiuto di un matterello. Foderatevi uno stampo tondo del diametro di 24 cm precedentemente imburrato o rivestito di carta da forno, versatevi i carciofi e ricopriteli con i formaggi, la panna e una spolverata di parmigiano.
Infornate e cuocete per 1 ora.

Gateau di patate

Ingredienti x 4 persone

1 kg e 1/2 di patate
150 g di burro
50 g di parmigiano grattugiato
5 uova
150 g di prosciutto cotto
200 g di mozzarella fiordilatte
100 g di scamorza affumicata
1 bicchiere di latte
2 cucchiai di olio extravergine di oliva
sale
pepe
2 cucchiai di pangrattato

Difficoltà: ♥♥♥♥

Avete mai provato a servire questo piatto dicendo «*Miaooo*»?
AH AH AH... Questa battuta me l'ha suggerita Ezio. Un po' demenziale, ma a me fa sorridere!

Lavate e lessate le patate.
Nel frattempo tagliate la scamorza e la mozzarella a fettine e sminuzzate il prosciutto.
Sbucciate le patate ancora calde e schiacciatele in una zuppiera con il passapatate o con l'aiuto di una forchetta.
Aggiungete, mescolando, le uova, 100 g di burro, il parmi-

giano, il latte, il prosciutto sminuzzato, un pizzico di sale e uno di pepe.
Preriscaldate il forno a 180°.
Imburrate una teglia e spolverizzatela con un cucchiaio di pangrattato. Versateci metà del composto, aggiungetevi le fettine di mozzarella e di scamorza, quindi chiudete il tutto con la metà rimasta del composto.
Ricoprite con l'altro cucchiaio di pangrattato, 50 g di burro a fiocchetti, poi l'olio e infornate per 30 minuti. Una volta cotto, lasciate riposare il gateau per un quarto d'ora prima di servirlo.

Genovese

Ingredienti x 4 persone

8 fettine di vitello
5 carote
2 patate piccole
1/2 costa di sedano
1 cipolla bianca grande
80 g di burro
4 cucchiai di olio extravergine di oliva
1 bicchiere di vino bianco secco
8 stuzzicadenti
400 g di pasta a scelta da condire con il sugo che si formerà (spaghetti, linguine, maccheroni)
sale

Difficoltà: ♥ ♥ ♥

Lavate e sbucciate le patate e 2 carote, tagliatele a dadini col sedano e riempite le fettine di vitello; arrotolatele a involtino e fermatele con uno stuzzicadenti. Grattugiate le 3 carote restanti e la cipolla e fatele imbiondire in un tegame con l'olio e il burro. Aggiungete gli involtini e fateli rosolare per 5 minuti. Versatevi il vino e proseguite la cottura a fuoco lento, e con un coperchio, per 15 minuti circa (non fate asciugare troppo il sugo). Fate bollire l'acqua salata e cuocete la pasta che avete scelto. Prima di scolarla (un po' al dente), mettete gli involtini da parte per mangiarli come secondo. Nel sugo che hanno prodotto versate e mantecate la pasta.

Melanzane alla parmigiana

Gabriella

Ingredienti x 6 persone

1 kg di melanzane
800 g di salsa di pomodoro
100 g di parmigiano grattugiato
200 g di mozzarella
2 cucchiai di olio extravergine di oliva
sale
pepe
olio di semi (per la frittura)

Difficoltà: ♥♥♥

In realtà, non dovrei darvi questo consiglio perché il piatto cambia decisamente il suo sapore, ma ve lo do lo stesso: se volete preparare una parmigiana più leggera invece di friggere le melanzane potete grigliarle.

Lavate le melanzane e tagliatele per il lungo a fettine di circa 1 cm di spessore.
Versate l'olio di semi in una padella e, quando sarà bollente, immergeteci le melanzane e fatele friggere. Una volta pronte lasciatele scolare su un piatto coperto di carta assorbente.
Nel frattempo, in un tegame fate scaldare 2 cucchiai di olio di oliva, unitevi la salsa di pomodoro, salate, pepate e fate cuocere per 20 minuti.

A questo punto, tagliate la mozzarella a fettine e preriscaldate il forno a 180°.
In una pirofila unta con un filo di olio, diponete uno strato di melanzane, uno strato di mozzarella, un mestolo di sugo e una spolverata di parmigiano. Proseguite in quest'ordine finché non avrete riempito la pirofila.
(Se per caso vi avanzano gli ingredienti, usateli per riempire un'altra pirofila più piccola.)
Infornate e lasciate cuocere per 40 minuti.

Pesce finto

Gabriella

Ingredienti x 4 persone

500 g di patate lesse
250 g di tonno sott'olio
maionese
1 oliva
1 pugnetto di capperi
filetti di acciughe
cetriolini sott'aceto
peperoni sott'aceto
carciofini sott'olio

Per gli ingredienti sott'olio e i sott'aceto non vi sono obblighi: potete usare quelli che vi piacciono di più nelle quantità che vi sembrano giuste.

Difficoltà: ❤ ❤

Sbucciate e lessate le patate in abbondante acqua bollente, scolatele e mettetele da parte.
Nel frattempo, scolate il tonno dall'olio della confezione e tritatelo con capperi, carciofini e un paio di filetti di acciughe. Unitevi le patate, che avrete precedentemente schiacciato, e impastate il tutto. Poi versate il composto su un piatto (preferibilmente quello che poi porterete in tavola) cercando di dargli la forma di un pesce. Ricopritelo con la maionese e guarnitelo con i cetriolini e i peperoni, utilizzando l'oliva per fare l'occhio del pesce.

Polpettone di tonno

320 g di tonno sott'olio
60 g di pangrattato
4 uova
2 cucchiai di parmigiano grattugiato
maionese
ketchup
salsa rosa

Difficoltà: ♥♥♥

Ogni tanto anche noi nonne ci divertiamo a fare qualche scherzetto.
Quando, per esempio, faccio questo piatto, non rivelo mai che cos'è, e tutti ci si tuffano sopra convinti che sia il classico polpettone di carne… Che spasso!

Scolate il tonno dall'olio della confezione, sminuzzatelo e mescolatelo con il pangrattato, il parmigiano e le uova facendo attenzione che il composto non risulti troppo molle (in questo caso potete aggiungere altro pangrattato o parmigiano in piccole quantità). Per questo tipo di composti è ideale usare il robot da cucina.
Versate l'impasto così ottenuto su un foglio di alluminio, avvolgetelo in modo da formare un grosso salame e chiudetelo a caramella affinché il contenuto non fuoriesca.

Nel frattempo versate 3 litri d'acqua in una pentola abbastanza larga da contenere il polpettone per il lungo e portate a ebollizione. Dopodiché immergetevi il polpettone e cuocetelo per circa 20 minuti. Quindi, estraetelo dalla pentola, aiutandovi con un mestolo forato, e lasciatelo raffreddare.
Al momento di andare in tavola, togliete l'alluminio e tagliate il polpettone a fette spesse, che sistemerete in un piatto da portata e decorerete a piacere con maionese, ketchup e salsa rosa.

Roast beef in crosta di sale

Ingredienti x 4 persone

1 kg di lombata di manzo per roast beef
2 kg di sale grosso
2 rametti di rosmarino
olio extravergine di oliva
pepe (se piace)

Difficoltà: ♥ ♥ ♥

Due sono le caratteristiche di questo piatto: va cotto al sangue (in modo che l'interno rimanga rosato) e mangiato freddo.

Preriscaldate il forno a 200°.
Tritate il rosmarino e disponetelo sulla lombata di manzo in modo che vi aderisca bene. Coprite il fondo di un tegame da forno dai bordi alti con uno strato (2 cm circa) di sale grosso, posatevi sopra la carne e ricopritela con un altro strato di sale grosso più o meno dello stesso spessore del precedente.
Infornate la carne e lasciatela cuocere per circa 50 minuti abbassando la temperatura a 180°. Poi sfornatela e lasciatela raffreddare senza toglierla dal sale per una mezz'ora.
A questo punto rompete la crosta di sale e tagliate il roast beef a fettine sottili. Consumatelo con un filo di olio a crudo e, se volete, una spolverata di pepe.

Scaloppine al limone

Gabriella

Ingredienti x 4 persone

8 fettine di vitello
1 piccolo panetto di burro
olio extravergine di oliva in abbondanza
farina
succo di 1 limone
sale

Difficoltà: ♥♥♥

Infarinate le fettine di vitello.

In una padella versate tanto olio da coprirne il fondo e, non appena sarà caldo, buttateci dentro le fettine facendole rosolare da entrambi i lati.

Durante la cottura aggiungete piccole noci di burro, che andranno ad amalgamarsi alla farina formando una salsina.

A fine cottura, a fuoco allegro, aggiungete il succo del limone e salate.

Varianti

Al posto del limone potete versare un bicchiere di marsala o di vino, o anche il succo di un'arancia.

Zucchine alla scapece

8 zucchine romanesche
2 cucchiai di aceto
basilico
olio di semi (per la frittura)
sale

Difficoltà:

Il nome «scapece» indica un tipo di preparazione in cui alla frittura segue la marinatura in aceto.

Lavate le zucchine e tagliatele a rondelle sottili. Versate abbondante olio di semi in una padella e, quando sarà bollente, buttateci le zucchine e friggete per 6 minuti.
Toglietele dalla padella con il mestolo forato, sgocciolatele leggermente, e disponetele sul piatto da portata (è importante che le zucchine si mantengano un po' impregnate di olio). Conditele con sale e aceto e lasciatele marinare con qualche foglia di basilico.

Consiglio per le vostre fritture: per capire quando l'olio è bollente al punto giusto versatelo nella padella e aggiungeteci 2 o 3 stuzzicadenti: quando questi cominceranno a «saltellare» è il momento di buttare gli altri ingredienti.

Fagioli all'uccelletto

Gabriella

Ingredienti x 4 persone

2 scatole di fagioli cannellini
500 g di passata di pomodoro
2 spicchi di aglio
3 foglie di salvia (se vi piace)
2 cucchiai di olio extravergine di oliva
sale
pepe

Difficoltà: ❤ ❤

In una padella fate rosolare nell'olio l'aglio schiacciato e le foglie di salvia. Aggiungetevi i fagioli sgocciolati, salateli, pepateli e fateli cuocere a fuoco vivo per 3 minuti in modo che si insaporiscano. A questo punto, unitevi la passata di pomodoro e proseguite la cottura per altri 15 minuti a fuoco basso.

Togliete dal fuoco e servite ben caldo.

Maritozzi

Ingredienti x 4 persone

400 g di farina bianca
75 g di pinoli
120 g di uva passa
80 g di zucchero
70 g di scorza d'arancia candita
3 uova
2 tazzine da caffè di olio
50 g di pasta di pane lievitata
sale

Difficoltà: ♥♥♥

In casa Cesaroni mangiano troppo spesso i cornetti burrosi che quello scorbutico di Cesare porta tutte le mattine. Io, però, resto dell'idea che, una volta ogni tanto, è molto meglio un buon maritozzo fatto in casa... Se poi lo tagliate in due e lo riempite ben bene di panna vedrete come resterà intatto il vassoio di Cesare!

Amalgamate la pasta di pane con una tazzina d'olio, 1 uovo, 150 g di farina e una spolverata di sale e lavoratela fino a ottenere un composto omogeneo da lasciar riposare in un recipiente coperto con un canovaccio, a temperatura ambiente, per 5 o 6 ore.
Mettete l'uva passa in un recipiente e copritela d'acqua, lasciandola riposare per 20 minuti.

Tritate molto finemente la scorza d'arancia candita.
Nel frattempo, riprendete a lavorare la pasta di pane aggiungendo i restanti 250 g di farina, lo zucchero, l'altra tazzina di olio, 2 uova e un pizzico di sale, facendo in modo di ottenere un impasto il più possibile morbido. Se necessario spruzzatelo con un po' di acqua ogni tanto.
Scolate l'uva passa e aggiungetela alla pasta di pane, insieme alla scorza d'arancia e ai pinoli, e continuate a lavorare l'impasto ancora per qualche minuto.
A questo punto, dividetelo in pagnotte di forma ellittica, che poi metterete su una teglia precedentemente unta (o ricoperta con carta da forno) e riporrete nel forno spento, lasciando proseguire la lievitazione per altre 7 ore.
Togliete la teglia e fate preriscaldare il forno a 180°, quindi infornate e fate cuocere i maritozzi per circa 20 minuti.

Gabriella

Scorzette d'arancia al cioccolato

Ingredienti

10 arance biologiche con la buccia grossa (quella che viene via con le mani)
1 kg di cioccolato fondente
1 kg di zucchero
1 stecca di vaniglia
2 stecche di cannella

Difficoltà: ♥ ♥ ♥
Il segreto è armarsi di tanta pazienza, parola chiave delle nonne. D'altra parte, un vassoio con circa 300 scorzette sparisce nel giro di 20 minuti!

Poiché per fare le scorzette si usa solo la buccia, bisogna lavare molto bene le arance (se necessario anche con il bicarbonato).Tagliate, quindi, la calotta superiore e quella inferiore di ciascuna arancia e incidetene la buccia ricavandone quattro spicchi uguali, che poi taglierete in listarelle larghe circa 1 cm. È importante che le listarelle non siano troppo grosse (in quanto il sapore amaro della parte bianca potrebbe risultare prevalente nel momento della canditura, annullandone in parte la dolcezza), ma neanche troppo piccole (in quanto nell'ultima fase di cottura, ossia quella della canditura, richierebbero di rompersi). In una capace pentola con il fondo spesso mettete a bollire

2 litri d'acqua circa. Appena l'acqua bolle, buttateci dentro le scorzette, facendo in modo che non si appiccichino le une alle altre e tenendo il fuoco vivace fintanto che l'acqua non riprende il bollore, dopodiché lasciate cuocere per 1 minuto e quindi scolate. Ripetete lo stesso procedimento una seconda volta (in pratica le scorzette vanno fatte bollire in due riprese, cambiando l'acqua ogni volta).

Riempite per la terza volta la pentola con 2 litri d'acqua, lo zucchero, la stecca di vaniglia e quelle di cannella. Quando l'acqua raggiunge il bollore, ma soprattutto quando lo zucchero si è ben sciolto, aggiungetevi le scorzette e lasciatele sobbollire per 1 ora e mezza a fuoco lento.

Prima di spegnere la fiamma sotto la pentola, comunque, verificate che la superficie delle scorzette sia lucida. In alcuni casi potrebbe essere necessario prolungare la cottura di qualche minuto. Dopo che tutte le scorzette risulteranno candite, scolatele e fatele asciugare su un piano di marmo (vanno benissimo anche delle teglie rivestite di carta da forno) per un giorno o due. Per verificare che siano pronte per essere immerse nel cioccolato prendetele tra le dita: se si piegano, dovete lasciarle asciugare ancora.

Quando le scorzette sono ben seccate, fate sciogliere il cioccolato a bagnomaria e immergetevi le scorzette a una a una tenendole per un'estremità, in modo che si ricoprano solo per 3/4. Poi sistematele ad asciugare su una superficie piatta ricoperta con la carta da forno.

Nel giro di un paio d'ore dovrebbero essere pronte. Se il cioccolato non dovesse essersi perfettamente solidificato, prolungare il tempo di asciugatura.

Tiramisù

Ingredienti x 12 persone

5 uova
500 g di mascarpone
15 cucchiai di zucchero (3 per uovo)
un pacco di biscotti Pavesini
3 tazzine di caffè
acqua (nella stessa quantità del caffè)
cacao amaro

Difficoltà: ♥ ♥

Separate i tuorli dagli albumi e montateli con lo zucchero, fino a ottenere una crema soffice e spumosa.
Montate gli albumi a neve ben soda.
Unite il mascarpone alla crema di uova e incorporatevi gli albumi, mescolando sempre dal basso verso l'alto per non farli smontare. In una ciotolina mescolate il caffè con l'acqua. Poi ricoprite il fondo di una teglia di alluminio da 12 porzioni con i Pavesini, dopo averli passati nel caffè annacquato (non fateli ammollare!) e, con un mestolo, versateci sopra uno strato di impasto. Ripetete la stessa operazione finché non avrete riempito la teglia.
Spolverate con il cacao amaro.
Mettete il tiramisù in frigorifero e lasciatelo riposare per almeno 5 o 6 ore prima di servirlo.

Torta di mele

Gabriella

Ingredienti x 4 persone

700 g di mele
3 uova
70 g di burro
300 g di farina
250 g di zucchero
1 bustina di lievito per dolci
1 bicchiere di latte
succo di 1 limone

Difficoltà: ♥ ♥

Tra le mie ricette non potevo non proporvi questa… Tutti noi siamo stati abituati dai fumetti ad associare la torta di mele alle nonne.

Dopo aver lavato, sbucciato e affettato le mele, cospargetele di succo di limone.
Nel frattempo, montate gli albumi a neve e a parte sbattete i tuorli con lo zucchero. Poi amalgamateli gli uni agli altri delicatamente, mescolando sempre dal basso verso l'alto per evitare che si smontino.
Aggiungete la farina a pioggia, il burro che avrete lasciato ammorbidire un po' a temperatura ambiente, il bicchiere di latte e infine il lievito. Mescolate fino a ottenere un composto liscio e omogeneo.

Incorporate le mele all'impasto, tenendone da parte qualche fettina per guarnire la superficie della torta.
Preriscaldate il forno a 180°.
Versate il composto in una tortiera del diametro di 24 cm, precedentemente imburrata e cosparsa di zucchero. Ricoprite la torta con le mele che avete tenuto da parte e qualche ricciolo di burro. Quindi infornate e lasciate cuocere per 30 minuti.
Per essere sicuri che la torta sia cotta, immergetevi uno stuzzicadenti: se esce pulito e asciutto è pronta.

Marmellata di cipolle

Gabriella

Ingredienti x 5 barattoli

1 kg di cipolle (bianche o di Tropea)
650 g di zucchero
6 chiodi di garofano
succo di 1 arancia

Difficoltà: ♥ ♥ ♥

Tagliate le cipolle a pezzetti. Unitevi lo zucchero, i chiodi di garofano e il succo d'arancia e poi versate il tutto in una pentola dal fondo spesso che permetta una cottura lenta e omogenea aggiungendo mezzo litro d'acqua.
Fate bollire a fuoco molto basso per circa 40 minuti finché il composto non si sarà addensato. Quindi versatelo ancora caldo in vasetti sterilizzati, che poi capovolgerete e lascerete raffreddare per circa 8-10 ore.

La marmellata di cipolle è ideale per accompagnare formaggi quali parmigiano, pecorino, provolone, in quanto ne esalta il gusto senza sovrastarne l'aroma. Ma è ottima anche con alcuni tipi di carne, come quella di maiale, con la selvaggina o la cacciagione.

Gabriella

Marmellata di cioccolato e lamponi

Ingredienti x 6 persone

1 kg e 1/2 di lamponi
800 g di zucchero
30 g di succo di limone
300 g di cioccolato fondente

Difficoltà: ♥♥

Pulite e lavate i lamponi, poi metteteli in un tegame con il succo di limone e lo zucchero e fateli cuocere a fuoco medio. Quando avranno raggiunto il bollore, proseguite la cottura per altri 5 minuti, poi togliete il tegame dal fuoco e aggiungete ai lamponi il cioccolato che avrete precedentemente fatto fondere a bagnomaria. Coprite con un foglio di alluminio e lasciate riposare per tutta la notte.

Il giorno successivo rimettete il tegame sul fuoco medio e fate cuocere il composto per 10 minuti, mescolandolo continuamente con un cucchiaio di legno. Con un mestolo forato togliete la schiuma che c'è in superficie. Una volta verificata la densità della marmellata con un cucchiaino (non dovrà presentarsi liquida, ma scivolare lentamente), versatela mentre è ancora bollente nei vasetti sterilizzati, chiudeteli, capovolgeteli e lasciateli raffreddare per alcune ore.

Alex

i cesaroni

Il menu dell'amore

Vi ricordate quando al *Bostonian* Eva mi aiutò a trovare il menu perfetto per far colpo sul critico culinario? Tutto cominciò da lì…

Avete in programma una serata romantica che potrebbe cambiarvi la vita? Volete conquistare l'uomo o la donna dei vostri sogni con una cena indimenticabile? Oppure volete semplicemente coccolare qualcuno che amate con qualcosa di speciale? Ecco alcune idee per stupire e fare colpo, anche grazie alla vostra maestria.

Perché la verità è che, a un certo punto, le donne si aspettano una prova culinaria anche da noi maschietti.

Non a caso la maggior parte dei miei amici, quando trova la ragazza giusta, dice: «Per le cenette romantiche sono sempre stato un disastro, ma con lei sento che voglio e devo migliorare».

E qui entro in gioco io. Per quanto riguarda il creare l'atmosfera, ormai, abbiamo imparato bene la lezione e siamo diventati piuttosto bravi: curare i dettagli dell'apparecchiatura, sistemare le candele (tante e profumate), scegliere la

musica (soft) e un'ottima bottiglia di vino (meglio se bianco e molto freddo) sono tutte cose in cui non ci facciamo più cogliere impreparati. Quanto al resto… c'è sempre tempo per imparare l'arte.

Per *lei* conta la cena, per me, invece, importa di più il dopocena: e quindi cucino ciò che piace a lei.

I miei segreti: niente grassi, poche calorie, porzioni piccole e cibi non troppo complicati da mangiare. Per cominciare, le verdure cotte e crude sono l'ideale (evitate, comunque, per ovvi motivi le cipolle, i cavoli e i legumi in genere), magari concedete anche un assaggino di formaggi con il miele o le confetture, e poi passate alle portate principali in cui potete dare il meglio di voi.

Che cosa può esserci, per esempio, di più seducente, sofisticato e coreografico di un piatto dai sapori etnici, particolari, ricco di nuove consistenze e mescolanze!?

Scegliete tra quelle proposte le ricette che più vi colpiscono e ricordate che alcuni ingredienti sono… afrodisiaci.

Bicchierini di baccalà

Alex

Ingredienti x 4 bicchierini da rum

4 filetti di baccalà
1 patata
2 cucchiai di maionese
4 cucchiai di salsa di pomodoro
sale
peperoncino rosso macinato
1 spruzzata di rum
4 foglie di basilico

Difficoltà: ♥ ♥

Pulite, sbucciate e lessate la patata.
A parte lessate per circa 10 minuti i filetti di baccalà. Con una forchetta schiacciate il baccalà con la patata, unitevi la maionese e condite con un pizzico di sale e di peperoncino e una spruzzata di rum.
Versate un cucchiaio di salsa di pomodoro sul fondo di ciascun bicchierino, che poi riempirete fino al bordo con l'impasto di patata e baccalà. Mettete i bicchierini a raffreddare in frigorifero per circa 1 ora.
Prima di servirli, decorateli con una fogliolina di basilico. Sono perfetti come antipasto.

Alex

Falafel

Ingredienti x 2 persone

400 g di ceci in scatola (il peso è da intendersi per il prodotto sgocciolato)
1 cipolla bianca
3 cucchiai di prezzemolo
2 spicchi di aglio
2 cucchiaini di cumino
1 cucchiaino di coriandolo
olio di semi (per la frittura)
pepe o peperoncino macinato
sale

Difficoltà:

Dopo aver sgocciolato i ceci, frullateli con la cipolla tagliata a fettine, il prezzemolo, il coriandolo, il cumino, un pizzico di sale e di pepe (o peperoncino), in modo da ottenere un composto omogeneo. Mettetelo ad addensare in frigorifero per 1 ora.
In una padella versate abbondante olio per la frittura.
Togliete l'impasto di ceci dal frigorifero, ricavatene delle polpettine e friggetele per 4-5 minuti girandole un paio di volte.
Quando saranno ben cotte e dorate, scolatele dall'olio con un mestolo forato e mettetele ad asciugare su un piatto coperto con carta assorbente.

Tortillas con guacamole

Ingredienti x 12 tortillas

Per le tortillas:
2 tazze di farina di mais
1 tazza di acqua

Per la salsa:
1 avocado maturo
1/2 cipolla sminuzzata
1/2 peperoncino rosso o verde
succo di 1 limone verde
sale
1 pomodoro sminuzzato (facoltativo)

Difficoltà: ♥♥♥

In una terrina preparate le tortillas amalgamando la farina di mais con l'acqua fino a ottenere un composto omogeneo. Fate riposare per un quarto d'ora, poi ricavatene 12 palline che spianerete per ottenere dei dischi di diametro tra i 16 e i 20 cm. In una padella antiaderente ben calda cuocete le tortillas 1 minuto per lato.
Mentre si raffreddano, in un mortaio preparate la salsa: tritate l'avocado, la cipolla, il peperoncino, il succo di limone e il sale. Potete aggiungere anche un pomodoro sminuzzato.

Spätzle agli spinaci (con variante rossa al radicchio e tre sughi)

Ingredienti x 4 persone

300 g di farina
600 g di spinaci freschi
3 uova
200 ml di latte
100 ml di acqua
2 cucchiai di olio extravergine di oliva

Difficoltà: ❤❤❤

Per preparare questo tipico piatto tirolese (si tratta di piccoli gnocchetti) esiste un apposito utensile difficile da trovare se non nella regione d'origine. In alternativa, comunque, potete usare una grattugia con i fori grandi.

Lavate, lessate e frullate gli spinaci. In una terrina dai bordi alti, amalgamateli alle uova, alla farina, a un pizzico di sale, al latte e ai due cucchiai d'olio. Lavorate il tutto con le fruste elettriche, fino a ottenere un impasto omogeneo e consistente. Per evitare che diventi troppo molle, aggiungete il latte un po' alla volta.

Mettete l'impasto in frigorifero e lasciatelo riposare per 30 minuti.
Intanto, in una pentola capiente portate a ebollizione l'acqua salata per la cottura degli spätzle.
A questo punto togliete l'impasto dal frigorifero e, un po' alla volta, grattugiatelo direttamente sulla pentola facendo cadere gli gnocchetti nell'acqua.
A mano a mano che gli späztle affioreranno in superficie, scolateli con un mestolo forato e metteteli in una zuppiera, per poi condirli con il sugo che preferite. Qui sotto vi propongo tre ricette fra cui potete scegliere.

Variante rossa

Al posto degli spinaci, potete usare 200 g di radicchio rosso e, per il resto, procedete come indicato sopra.

Sugo alla panna e speck

200 g di speck
4 cucchiai di olio extravergine di oliva
4 cucchiai di panna da cucina
parmigiano grattugiato

In una padella fate rosolare lo speck tagliato a dadini nell'olio. Poi mettetelo in una zuppiera e aggiungetevi la panna.
A questo punto, unitevi gli spätzle e, prima di servirli, cospargeteli di parmigiano grattugiato.

Sugo al burro e salvia

100 g di burro
tre-quattro foglie di salvia
1 pizzico di pepe (se vi piace)
parmigiano grattugiato

Mettete il burro in una zuppiera sopra la pentola in cui bolle l'acqua salata per gli spätzle affinché si sciolga lentamente; aggiungete poi le foglie di salvia tritate e, se vi piace, un pizzico di pepe.
Scolate gli spätzle e metteteli nella zuppiera, cospargendoli di parmigiano grattugiato.

Sugo ai funghi e salsiccia

200 g di salsiccia
50 g di funghi
1 spicchio di aglio
1/2 bicchiere di vino bianco
1/2 bicchiere di acqua calda
olio extravergine di oliva
parmigiano grattugiato

In una padella fate soffriggere leggermente l'aglio nell'olio, unitevi prima la salsiccia tagliata a dadini e poi, quando questa sarà rosolata, i funghi. Aggiungete a poco a poco il vino e l'acqua calda e lasciate cuocere il sugo per circa 15-20 minuti finché non si sarà addensato.
Nel frattempo scolate gli spätzle e spadellateli nel sugo. Prima di servirli cospargeteli con il parmigiano grattugiato.

Cacciucco alla livornese

Alex

Ingredienti x 6 persone

500 g di pesce misto da zuppa (scorfano, gallinella, cappone, triglia)
500 g di palombo fresco
500 g di grongo
500 g di seppie e polpi
500 g di crostacei (gamberoni, scampi, gamberi)
1 bicchiere di vino bianco
1/2 bicchiere di olio extravergine di oliva
3 spicchi di aglio
3 foglie di salvia
1 peperoncino rosso
500 g di pomodori pelati o salsa di pomodoro
crostini di pane abbrustolito
sale

Difficoltà:

In un tegame molto capiente (deve poter contenere tutto il pesce elencato negli ingredienti) e con i bordi un po' alti fate soffriggere l'olio con l'aglio, la salvia e il peperoncino spezzettato.

Pulite, lavate e tagliate a pezzetti tutto il pesce. Dopo aver messo a cuocere nel tegame i polpi e le seppie, aggiunge-

tevi il vino e i pelati (o la salsa di pomodoro), salate e proseguite la cottura per circa 30 minuti mescolando.
Adesso unite i pesci da zuppa, il palombo e il grongo e, dopo 10 minuti, i crostacei. Continuate la cottura per altri 10 minuti.
Per capire se il cacciucco è pronto, controllate sempre la consistenza di polpi e seppie (i primi che avete messo nel tegame): quando avranno raggiunto il giusto grado di morbidezza e si sarà formato un brodetto non troppo denso, il cacciucco può essere servito in tavola.
Se vi piace, potete accompagnarlo con crostini di pane abbrustolito.
È un ottimo e nutriente piatto unico.

Paella valenciana

Alex

Ingredienti x 4 persone

350 g di riso con il chicco lungo
300 g di gamberoni imperiali
4 scampi
300 g di calamari (o seppie)
200 g di pomodori da sugo
1 cipolla
1 spicchio di aglio (se piace)
1 peperoncino rosso piccolo
1 peperone verde
1 peperone rosso
150 g di piselli in scatola o surgelati (il peso è da intendersi per il prodotto sgocciolato-scongelato)
1 bustina di zafferano
6 cucchiai di olio extravergine di oliva
sale

Difficoltà: ♥♥♥♥

Curiosità: il piatto prende il nome dal recipiente di metallo in cui viene cotto. In valenciano, infatti, il termine *paella* («padella») indica un caratteristico tegame di ferro poco profondo (5-6 cm), di forma circolare e con i manici corti. Il suo diametro può variare a seconda del quantitativo di pietanza che si intende preparare: quello del tegame per 4 persone è di circa 45 cm.

Se in casa non avete questa padella (cosa alquanto probabile), potete usarne una analoga: per esempio, il wok. Prima, comunque, accertatevi che entri nel vostro forno.

Pulite dai semi e dalle parti bianche interne il peperone rosso, lavatelo e tagliatelo a listarelle.
Lessate i gamberoni e gli scampi per 5 minuti in acqua salata bollente e teneteli da parte in caldo con l'acqua di cottura.
Tagliate la cipolla a fettine sottili, lavate e sminuzzate i pomodori, pulite dai semi interni il peperone verde e poi lavatelo e tagliatelo a listarelle, sgocciolate i piselli e tritate l'aglio. Tagliate a dadini i calamari. Fate soffriggere la cipolla con l'olio a fuoco medio, aggiungetevi i calamari, il peperoncino, i pomodori, il peperone verde, i piselli, l'aglio, salate e lasciate proseguire la cottura per 10 minuti.
Preriscaldate il forno a 250°.
Unite ai calamari e alle verdure lo zafferano e il riso che lascerete tostare, sempre a fuoco medio, per 5 minuti. Quindi coprite il tutto con l'acqua di cottura dei crostacei, che nel frattempo avrete messo da parte, chiudete la padella con un foglio di carta d'argento e infornate per 15 minuti. Dopodiché, controllate che il riso sia cotto (se così non fosse, prolungate la cottura di qualche minuto).
Prima di servire, guarnite la paella con gli scampi, i gamberoni, le striscioline di peperone rosso e portatela in tavola nel suo recipiente.

Arrosto tenero in salsa tonnata

Alex

Per la carne:
1 arrosto legato con lo spago (800 g circa)
20 g di burro
4 cucchiai di olio extravergine di oliva
1/2 litro di brodo
sale

Per la salsa:
100 g di tonno sott'olio
50 g di capperi sott'aceto
2 filetti di acciughe
1 uovo
il succo di 1/2 limone
1 bicchiere di olio extravergine di oliva
sale
pepe

Ingredienti x 4 persone

Difficoltà: ❤ ❤

In un tegame dal fondo spesso e dai bordi alti, fate rosolare a fuoco vivo l'arrosto nel burro sciolto, da entrambe le parti. Abbassate la fiamma, salate, coprite il tegame e proseguite la cottura per circa 1 ora e mezza, girando la

carne di tanto in tanto e aggiungendo un po' di brodo, che terrete sempre caldo per utilizzarlo quando necessario.
Nel frattempo preparate la salsa tonnata. In un pentolino pieno di acqua (tanta da coprire l'uovo) fate rassodare l'uovo per 7 minuti dopo che si è levato il bollore. Quand'è freddo, sgusciatelo e privatelo della parte bianca. Sgocciolate dall'olio il tonno e passatelo nel frullatore con i capperi, le acciughe e il tuorlo dell'uovo. Aggiungetevi, quindi, un pizzico di sale e di pepe e il bicchiere di olio e frullate di nuovo fino a ottenere una salsa densa e omogenea. Unitevi, infine, il succo di limone, mescolate bene e lasciate riposare in una ciotola.
Mettete l'arrosto su un tagliere, slegatelo, tagliatelo a fettine molto sottili e, dopo averlo disposto su un piatto da portata, ricopritelo con la salsa tonnata.

Gulasch

Alex

Ingredienti x 4 persone

600 g di manzo
1 cipolla
50 g di pancetta affumicata
6 patate
1/2 peperone giallo
3 cucchiaini di paprika
1 bricchetto di brodo o di acqua calda
olio extravergine di oliva

Difficoltà: ♥ ♥

Lavate, pelate e tagliate a dadini le patate, poi lessatele fino a metà cottura (10 minuti).
Nel frattempo tagliate il manzo a bocconcini e affettate il mezzo peperone, dopo averlo lavato e privato dei semi e delle parti bianche interne.
Tagliate la cipolla a fettine sottili e fatela soffriggere in un tegame con la pancetta a cubetti. Incorporatevi, quindi, la paprika e un filo di brodo, poi il manzo e il peperone. Fate proseguire la cottura per 20 minuti (se vedete che la carne si asciuga troppo aggiungete piccole quantità di brodo).
Quando la carne risulta cotta, unitevi le patate e proseguite la cottura ancora per 5-10 minuti, in modo che gli ingredienti si amalgamino bene tra loro (se necessario, bagnate il tutto con un po' di brodo).

Pollo alle mandorle (con variante al curry)

Ingredienti x 2 persone

4 petti di pollo
farina
1 cipolla
2 cucchiai di salsa di soia
1 pentolino di brodo
olio extravergine di oliva
1 bustina di mandorle sgusciate e pelate

Difficoltà: ♥ ♥

Tagliate i petti di pollo a bocconcini e infarinateli, dopo averli passati sotto l'acqua in modo che la farina si attacchi meglio.
Preparate un pentolino di brodo da mantenere caldo.
Tagliate la cipolla a fettine e fatela soffriggere con un filo di olio in una capiente padella. Quando sarà imbiondita, aggiungeteci i bocconcini di pollo, lasciateli dorare per qualche minuto, poi bagnateli con un po' di brodo. A metà cottura (10 minuti circa) aggiungete la salsa di soia e le mandorle e fate cuocere per altri 10 minuti. Dopodiché il pollo è pronto: la farina e la salsa di soia, amalgamandosi, hanno formato una salsina cremosa.

Variante al curry

Seguendo la stessa ricetta, potrete preparare il pollo con il curry (che, in tal caso, sostituirà la soia).

Consiglio: per rendere il piatto più completo, accompagnatelo con una ciotolina di riso basmati lessato.

Alex

Sauté di vongole

Ingredienti x 6 persone

2 kg e 1/2 di vongole veraci
1/2 bicchiere di olio extravergine di oliva
1 ciuffo di prezzemolo
1 spicchio di aglio
3 cucchiaini di pepe
crostini di pane abbrustolito

Difficoltà: ♥♥♥

Per prima cosa pulite bene le vongole dalla sabbia: mettetele in una bacinella di acqua fredda salata per 1 ora e mezza cambiando l'acqua ogni mezz'ora.
In una padella molto capiente versate l'olio e fate soffriggere l'aglio in modo che diventi dorato, ma non scuro. A questo punto aggiungete le vongole, cospargendole con il pepe (se vi piacciono saporite potete anche abbondare), mescolatele e tenetele sul fuoco per 8-10 minuti finché tutti i gusci si saranno aperti. Le vongole che, a fine cottura, non si saranno aperte dovranno essere buttate via.
Con l'aiuto di un mestolo forato, togliete le vongole dalla padella e sistematele provvisoriamente in una ciotola. Filtrate, quindi, il brodo di cottura con un colino per eliminare eventuale sabbia residua, poi rimettetelo nella padella insieme alle vongole e cospargete il tutto con il prezzemolo tritato. Mescolate e servite. Volendo, potete consumare il sauté di vongole con crostini di pane abbrustolito.

Cipolle di Tropea su patate lesse bollenti

Ingredienti x 4 persone

4 patate
2 cipolle grandi di Tropea
olio
sale

Difficoltà: ♥ ♥

È vero che all'inizio vi ho sconsigliato le cipolle (soprattutto crude)... ma questo piatto è davvero delizioso! Vorrà dire che accanto alle posate metterete anche uno spazzolino da denti per ciascun commensale... Scherzo, naturalmente!

Lavate, sbucciate e lessate le patate.
Dopo averle scolate, ancora bollenti tagliatele a fettine e ricopritele subito con le cipolle precedentemente tagliate a fettine sottili. Condite il tutto con olio e sale e servite finché le patate sono calde. Sono perfette come contorno di un secondo piatto leggero.

Pancake di patate

Ingredienti x 4 persone

1 kg di patate
250 g di burro o margarina
2 uova
125 g di farina
sale
pepe
noce moscata (a piacere)

Difficoltà: ♥ ♥

Lavate, pelate e lessate le patate. Dopo averle scolate, in una terrina schiacciatele con l'apposito utensile o con una forchetta, aggiungetevi il burro (tenendone da parte un paio di cucchiai per la cottura), regolate di sale e pepe e spolverizzate con la noce moscata. Amalgamate bene il tutto, poi unitevi le uova e la farina fino a ottenere un impasto denso, con cui formerete tante frittelle (i vostri pancake). Nel frattempo, fate sciogliere in una padella il burro che avete tenuto da parte, versatevi dentro i pancake e lasciateli cuocere per 5 minuti. Poi con una paletta girateli dall'altro lato finché non saranno ben dorati e serviteli finché sono ancora caldi. Sono perfetti come contorno di un secondo leggero e, se accompagnati a una pietanza a base di carne, possono costituire un ottimo piatto unico.

Ratatouille (con variante rossa)

Alex

Ingredienti x 4 persone

4 melanzane
4 zucchine
2 peperoni gialli
2 cipolle
1 spicchio di aglio (se vi piace)
olio extravergine di oliva
sale
pepe

Difficoltà: ♥ ♥

Se avete una ragazza o un ragazzo che vanno pazzi per i cartoni animati, fategli (o fatele) mangiare questo piatto mentre guardate... non c'è bisogno che vi suggerisca il titolo, vero?! È tra i preferiti di Eva!

Pulite, lavate e tagliate a dadini le verdure.
In un tegame fate soffriggere nell'olio le cipolle precedentemente tagliate a fettine e lo spicchio di aglio (se vi piace). Quando saranno imbiondite, aggiungetevi le verdure, aggiustate di sale e di pepe e lasciate cuocere a fuoco lento, mescolando di tanto in tanto con un cucchiaio di legno che poi metterete tra il bordo del tegame e il coperchio in modo da garantire la fuoriuscita del vapore e il man-

tenimento del giusto grado di umidità. Se necessario, bagnate le verdure con un po' di acqua calda finché non risulteranno ben stufate (15 minuti circa). Provate a punzecchiarle con una forchetta: dovranno risultare morbide.
A fine cottura, alzate un po' la fiamma e fate saltare la ratatouille per un paio di minuti a tegame scoperto.

Variante rossa

2 pomodori da sugo ben maturi (o qualche cucchiaiata di salsa di pomodoro)

Dopo aver fatto saltare le verdure in padella aggiungete i pomodori ben maturi o la salsa di pomodoro.

Budino di cioccolato con panna alla menta

Alex

Ingredienti x 4 persone

1/2 litro di latte
4 uova intere
3 tuorli
150 g di zucchero
170 g di cioccolato fondente
125 g di miele liquido
100 ml di panna fresca
4 cucchiai di liquore o sciroppo alla menta
foglie di menta (per la decorazione)

Difficoltà: ♥ ♥ ♥

In un pentolino portate a ebollizione il latte. Poi, abbassando la fiamma, aggiungetevi il cioccolato a pezzetti e fatelo fondere mescolando continuamente per evitare che si attacchi. Quando sarà fuso, spegnete la fiamma e lasciatelo raffreddare un po'.

Intanto, con una frusta, sbattete le uova e i tuorli con lo zucchero fino a ottenere una crema densa e spumosa, nella quale incorporerete il cioccolato fuso continuando a mescolare.

Preriscaldate il forno a 180°.

Versate il composto in uno stampo da budino leggermente bagnato (per facilitare, poi, il distacco) e infornatelo a bagnomaria per 45 minuti. Quando il budino sarà cotto, lasciatelo raffreddare a temperatura ambiente, quindi sformatelo su un piatto da portata e infine mettetelo in frigorifero per almeno 3 ore.

Nel frattempo montate la panna, unitevi il miele e il liquore o lo sciroppo di menta.

Prima di servirlo, guarnite il budino con la panna e qualche fogliolina di menta.

Crème brûlé

Alex

Ingredienti x 6 persone

1 litro di latte
240 g di zucchero
1 bastoncino di vaniglia
10 tuorli
60 g di zucchero di canna

Difficoltà: ♥ ♥ ♥

Quando decidete di preparare questo dolce alle vostre ragazze, non servitelo dopo una cena abbondante: le donne sono solite rubarsi tutta la crosticina (anche la vostra) e, con la scusa che sono sazie, lasciare il resto!

Preriscaldate il forno a 180°.
Mescolate i tuorli con lo zucchero.
Nel frattempo, in un pentolino con i bordi alti, portate a ebollizione il latte con il bastoncino di vaniglia, e poi unitelo lentamente ai tuorli mescolando in continuazione.
Versate la crema così ottenuta in una pirofila rettangolare, leggermente unta o bagnata, e fatela cuocere a bagnomaria nel forno, finché non si sarà addensata.
Intanto preparate il caramello facendo fondere lentamente lo zucchero di canna in un pentolino (state attenti che non si attacchi!) e versatelo sopra la crema (che avrete tirato fuori dal forno). Quando si sarà raffreddato e «incroccantito», la crème brûlé è pronta per essere mangiata.

Alex

Cuscus con le fragole

Ingredienti x 2 persone

1 tazza di cuscus precotto
1 tazza di succo di mela
1 cucchiaio di pasta di mandorle
la buccia di 1/2 limone grattugiata
3 cestini di fragole

Difficoltà: ♥ ♥

Portate a ebollizione il succo di mela in un pentolino, versatevi il cuscus e poi toglietelo dal fuoco, lasciandolo riposare coperto per 5 minuti. Poi aggiungetevi la pasta di mandorle (se vi sembra troppo dura, diluitela prima leggermente con un goccio di latte in modo che si trasformi in una crema morbida e consistente) e amalgamate bene, facendo attenzione che non si formino grumi.
Nel frattempo grattugiate la buccia di 1/2 limone e pulite, lavate e tagliate le fragole a pezzettini; quindi unite il tutto al cuscus in una ciotola che poi metterete in frigorifero per 2-3 ore.
Prima di servire il cuscus, dategli una bella mescolata in modo che si presenti «vaporoso».

Kaiserschmarren (ovvero «Omelette dell'imperatore»)

Alex

Ingredienti x 4 omelette

6 uova
150 g di farina
1/2 litro di latte
40 g di burro
50 g di zucchero
60 g di uva passa
marmellata di mirtilli rossi
zucchero a velo

Difficoltà:

Attenzione, ragazze: quando servite questo dolce alla vostra dolce metà, raccontategli la storia di come è nato. Francesco Giuseppe (meglio noto come Cecco Beppe), imperatore del regno austro-ungarico, adorava le crêpe. Un giorno, mentre le stava cucinando, il cuoco di corte si dimenticò la padella sul fuoco e, per evitare di presentare al suo sovrano un piatto mal riuscito, le strapazzò e le ricoprì con la marmellata e lo zucchero a velo.
Preparando questo dolce potrete far sentire il vostro ragazzo imperatore per una sera. O, se non altro, il destinatario delle vostre attenzioni!

Separate i tuorli dagli albumi e, in una ciotola dai bordi alti, sbatteteli con la farina e il latte.

In un'altra ciotola montate a neve gli albumi e amalgamateli con lo zucchero dal basso verso l'alto per non smontarli, poi uniteli lentamente alla crema di tuorli, farina e latte, continuando a mescolare.

In una padella antiaderente del diametro di circa 24 cm sciogliete un cucchiaino di burro a fuoco alto. Quindi versatevi un mestolo colmo d'impasto, cospargetelo con un po' di uva passa e fatelo cuocere a fuoco basso con il coperchio per 5 minuti, scuotendo di tanto in tanto la padella per non farlo attaccare. Infine, strapazzate l'omelette e rivoltatela in modo che finisca di cuocersi (saranno sufficienti 3 minuti).

A questo punto rovesciatela su un piatto e cospargetela con un paio di cucchiaiate di marmellata di mirtilli rossi e una spolverata di zucchero a velo. Ripetete l'operazione con il resto dell'impasto fino a ottenere quattro porzioni di questo dolce imperiale.

Indice dei personaggi e delle ricette

Indice dei personaggi

Indice delle ricette

Antipasti

Primi piatti

Secondi piatti

Contorni

Piatti unici

Torte salate

Merende in libertà (panini, pizze e dolci)

Dolci e marmellate

Finito di stampare nel novembre 2008
presso la Mondadori Printing S.p.A.
Stabilimento di Verona
Printed in Italy